書いて簡単！韓国語

入門ドリル

溝口甲順
Mizokuchi Kabsoon

一藝社

読者の皆さんへ

　私は、今まで多くの大学やカルチャーセンターで韓国語を指導してきました。その経験を生かし、この度、初めて韓国語を学習する人のためのテキストを作成しました。学生を指導する中でつねに感じることは「ハングル」「反復」「ミニテスト」の大切さです。

　まず、ハングルという韓国語固有の文字の習得は、韓国語学習の大きな分岐点になります。ハングルの学習をなおざりにして、聞いて覚えるだけの学習や、カタカナで書かれた韓国語の学習では、あいさつや単語を少し覚えた段階で行きづまります。まずはハングルを正確に読み書きできるようになること、これが韓国語習得の最大の近道です。本書では、STEP1でハングルを効果的に覚えられるように工夫しました。

　次は、反復練習の重要性です。あるカルチャーセンターで教えていたとき、大学で朝鮮語を専攻するひとりの女子学生が聴講に来ました。彼女は、文法や語句の知識については細かなことまで記憶しているのに、会話がまったくできない状態でした。私はとくに特別なことをするわけでもなく、いつもの指導を行ったのですが、3か月後、彼女は見違えるように韓国語が口に出るようになりました。

　彼女は授業の感想をこのように述べています。「今までは頭で理解してわかったつもりになっていましたが、先生の授業で楽しく反復練習をして、カラダで身に付けることができました。言葉は考えなくても反射的に出てくるようにすることが重要ですね」。

　韓国語に限らず、語学学習の一つのポイントは反復練習です。本書では、自宅で学習するときに便利なように、記入式の練習欄をすべての項目に準備し、頭で理解するのではなく、文字を書き声に出すことでカラダで覚えられるようにしました。

　そして最後は、学習意欲が低下してきたときにどうするか、という問題です。文字の学習や文型パターンの学習は、単調で飽きやすいものです。それに役立つのがミニテストです。学習した内容について小さな達成感が得られるようで、楽しそうに学習に取り組む姿が見られます。本書では、節目節目にミニテストを入れて、学習者が学習の成果を感じられるようにしました。

　本書が、少しでも多くの方の韓国語学習のお役に立てることを願っています。

2006年10月20日

著者　溝口甲順

◎ CONTENTS ◎

STEP1　ハングルを書いてみよう　7
　はじめに　8
　1　基本の文字を覚えましょう　10
　　（1）基本母音字
　　（2）基本子音字
　　（3）習った文字で単語を書いてみよう
　　ミニテスト 1
　2　文字はこれで全部です　20
　　（1）激音・濃音をあらわす子音字
　　（2）合成母音字
　　（3）習った文字で単語を書いてみよう
　　ミニテスト 2
　3　パッチムと発音の変化　30
　　（1）パッチムとその発音
　　（2）習った文字で単語を書いてみよう
　　（3）パッチムの発音の変化
　　（4）習った文字で単語を書いてみよう
　　（5）ハングルによる日本語の表記
　　ミニテスト 3

STEP2　韓国語を書いてみよう　43
　はじめに　44
　1　ホテルで名前を聞かれました　48
　2　フロントで時間をたずねました　50
　3　街で場所をたずねました　52
　4　友達の誘いをことわりました　54
　5　地下鉄に乗りました　56
　6　タクシーで観光をすすめられました　58

7　メニュー選びに迷いました　60
8　料理の感想を聞かれました　62
9　伝統茶は種類が豊富です　64
10　お茶を飲みながら話しをしました　66
　ミニテスト 4
11　市場で買物をしました　70
12　待ってくださいと言われました　72
13　ショッピングに行きました　74
14　警備員に注意されました　76
15　商品をすすめられました　78
16　値段の交渉をしました　80
17　エステに行きました　82
18　明日の予定を話しました　84
19　劇場に行きました　86
20　ロビーで話しをしました　88
　ミニテスト 5

STEP3　出発！2泊3日の韓国旅行　93
　HOTEL/ ホテル　94
　　復習テスト 1,2
　TOWN/ 街中　96
　　復習テスト 3,4
　TRANSPORTATION/ 交通　98
　　復習テスト 5,6
　RESTAURANT/ レストラン　100
　　復習テスト 7,8
　TEAROOM/ 茶房　102
　　復習テスト 9,10
　MARKET/ 市場　104
　　復習テスト 11,12

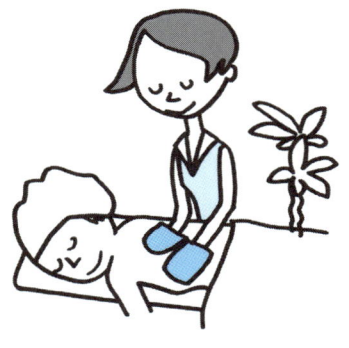

SHOPPING・1/ 買い物　106
　復習テスト 13,14
SHOPPING・2/ 買い物　108
　復習テスト 15,16
AESTHETIC/ エステ　110
　復習テスト 17,18
THEATER/ 劇場　112
　復習テスト 19,20

〈解 答〉
ミニテスト　115
復習テスト　116

STEP 1 ハングルを書いてみよう

はじめに

❶ ハングルについて

　日本では"ハングル"という言葉を「韓国語」「朝鮮語」の意味で使うことがありますが、それは厳密にいうとまちがいです。"ハングル"とは韓国語をあらわすための文字です。
　"ハングル"は15世紀の李氏朝鮮第4代世宗（セジョン）大王の時代につくられました。それまでは中国から伝わってきた漢字しかなかったため、自由に韓国語を表記することが困難だったからです。当初は「訓民正音（フンミンジョンウム）」とよばれましたが、20世紀の初め頃からハングルとよばれるようになりました。

❷ ハングルの構成

　ハングルは、日本語をローマ字で表記したときのように、母音字と子音字から成っています。たとえば「ほんだ」という文字をローマ字になおすと、「ｈｏｎｄａ」となりますが、このときの「ｏ，ａ」が母音字で「ｈ，ｎ，ｄ」が子音字です。これをハングルに置き換えるとこのようになります。

　次に、この母音字と子音字を組み合わせて漢字のような形にします。母音字の種類や子音字の数によって、下の4つの形のいずれかになります。

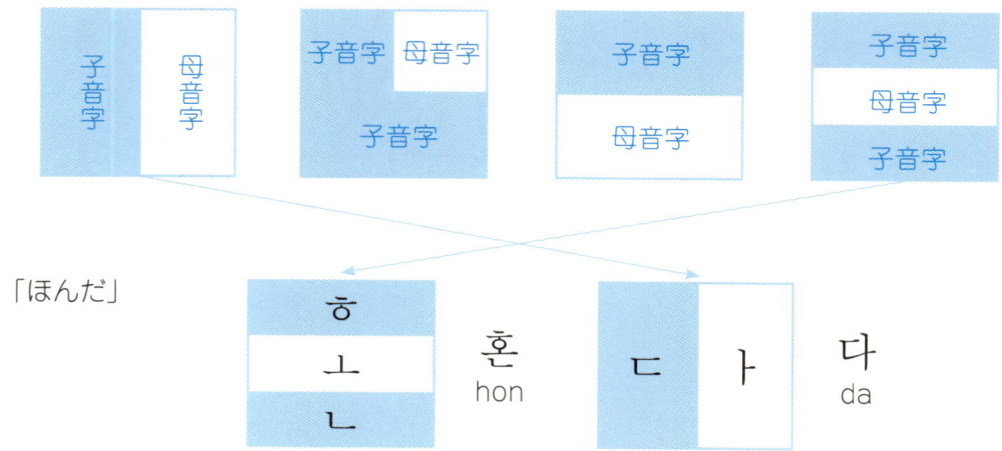

❸ ハングルの種類

　ハングルには21個の母音字と19個の子音字があります。一見複雑そうですが、基本の文字をもとにつくられているので、コツをつかめば簡単です。

①基本の母音字（10個）

ㅏ ㅑ ㅓ ㅕ ㅗ ㅛ ㅜ ㅠ ㅡ ㅣ

②基本の形を組み合わせた母音字（11個）

ㅐ ㅒ ㅔ ㅖ ㅘ ㅙ ㅚ ㅝ ㅞ ㅟ ㅢ

③基本の子音字（10個）

ㄱ ㄴ ㄷ ㄹ ㅁ ㅂ ㅅ ㅇ ㅈ ㅎ

④基本の形から発展した子音字（9個）

ㅊ ㅋ ㅌ ㅍ ㄲ ㄸ ㅃ ㅆ ㅉ

STEP 1　ハングルを書いてみよう

1 基本の文字を覚えましょう

（1）基本母音字

まずは 10 個の基本母音字とそれがあらわす発音を学習しましょう。この基本母音字は辞書の配列順に並んでいます。今後の学習のためにこの順序で覚えましょう。

 声に出して練習しましょう

基本母音字		発音の注意
ㅏ	a	日本語より口を大きく開けて「ア」と発音
ㅑ	ja	日本語より口を大きく開けて「ヤ」と発音
ㅓ	ɔ	「ア」と同じ口の形で舌を少し奥に引いて「オ」と発音
ㅕ	jɔ	「ア」と同じ口の形で舌を少し奥に引いて「ヨ」と発音
ㅗ	o	唇を丸めて「オ」と発音
ㅛ	jo	唇を丸めて「ヨ」と発音
ㅜ	u	唇を丸めて「ウ」と発音
ㅠ	ju	唇を丸めて「ユ」と発音
ㅡ	ɯ	唇を横に引いて「ウ」と発音
ㅣ	i	「イ」と発音

ミニ知識 1

母音字は、丸い天「・」、平らな地「ー」、立つ人「ㅣ」の「天・地・人」から構成されています（「・」は短い棒「ー」に変化しています）。

「ㅣ」+「・」=「ㅏ」　「ㅏ」+「・」=「ㅑ」　「・」+「ㅣ」=「ㅓ」
「・」+「ㅓ」=「ㅕ」　「・」+「ー」=「ㅗ」　「・」+「ㅗ」=「ㅛ」
「ー」+「・」=「ㅜ」　「ㅜ」+「・」=「ㅠ」

声に出しながら書いて覚えましょう

STEP 1 ハングルを書いてみよう

ハングルは「子音字＋母音字（＋子音字）」で1つの単位をつくるので、母音の発音をあらわすときは、発音しない子音字「ㅇ」を添えて書きます。

（2）基本子音字

次に、基本子音字 10 個とそれがあらわす発音を学習しましょう。

同じ文字でも語頭では「か」のような清音をあらわしますが、語中では「が」のような濁音に変化するものがあるので注意しましょう。たとえば、「가구」（家具）は「カ」と「ク」ですが、「ㄱ」は語中では「が行」の発音に変化するので「カグ」と読みます。

 声に出して練習しましょう

基本子音字・名称	母音アのときの発音	発音の注意
ㄱ （キヨㇰ）	가 ka ga	「か行」の発音 語中では「が行」の発音
ㄴ （ニウン）	나 na	「な行」の発音
ㄷ （ティグッ）	다 ta da	「た行」の発音 語中では「だ行」の発音
ㄹ （リウル）	라 ra	「ら行」の発音
ㅁ （ミウム）	마 ma	「ま行」の発音
ㅂ （ピウプ）	바 pa ba	「ぱ行」の発音 語中では「ば行」の発音
ㅅ （シオッ）	사 sa	「さ行」の発音
ㅇ （イウン）	아 a	語頭では「無音」 音節末で「ング（ŋ）」の発音
ㅈ （チウッ）	자 tʃa dʒa	「ちゃ行」の発音 語中では「じゃ行」の発音
ㅎ （ヒウッ）	하 ha	「は行」の発音

ミニ知識 2

子音字は発音器官をかたどってつくられていて、同じ仲間は画数を増やすことによってあらわされています。

舌を横から見た形：ㄱ、ㄴ ⇒ ㄷ ⇒ ㄹ　　口を前から見た形：ㅁ ⇒ ㅂ
下の歯を横から見た形：ㅅ ⇒ ㅈ　　のどを上から見た形：ㅇ ⇒ ㅎ

声に出して練習しましょう

基本母音字と基本子音字を組み合わせるとこのようになります。

STEP 1 ハングルを書いてみよう

子音字\母音字	ㅏ ア[a]	ㅑ ヤ[ja]	ㅓ オ[ɔ]	ㅕ ヨ[jɔ]	ㅗ オ[o]	ㅛ ヨ[jo]	ㅜ ウ[u]	ㅠ ユ[ju]	ㅡ ウ[ɯ]	ㅣ イ[i]
ㄱ [k・g]	가 カ/ガ	갸 キャ/ギャ	거 コ/ゴ	겨 キョ/ギョ	고 コ/ゴ	교 キョ/ギョ	구 ク/グ	규 キュ/ギュ	그 ク/グ	기 キ/ギ
ㄴ [n]	나 ナ	냐 ニャ	너 ノ	녀 ニョ	노 ノ	뇨 ニョ	누 ヌ	뉴 ニュ	느 ヌ	니 ニ
ㄷ [t・d]	다 タ/ダ	댜 ティヤ/ディヤ	더 ト/ド	뎌 ティヨ/ディヨ	도 ト/ド	됴 ティヨ/ディヨ	두 トゥ/ドゥ	듀 テュ/デュ	드 トゥ/ドゥ	디 ティ/ディ
ㄹ [r]	라 ラ	랴 リャ	러 ロ	려 リョ	로 ロ	료 リョ	루 ル	류 リュ	르 ル	리 リ
ㅁ [m]	마 マ	먀 ミャ	머 モ	며 ミョ	모 モ	묘 ミョ	무 ム	뮤 ミュ	므 ム	미 ミ
ㅂ [p・b]	바 パ/バ	뱌 ピャ/ビャ	버 ポ/ボ	벼 ピョ/ビョ	보 ポ/ボ	뵤 ピョ/ビョ	부 プ/ブ	뷰 ピュ/ビュ	브 プ/ブ	비 ピ/ビ
ㅅ [s]	사 サ	샤 シャ	서 ソ	셔 ショ	소 ソ	쇼 ショ	수 ス	슈 シュ	스 ス	시 シ
ㅇ 無音	아 ア	야 ヤ	어 オ	여 ヨ	오 オ	요 ヨ	우 ウ	유 ユ	으 ウ	이 イ
ㅈ [tʃ・dʒ]	자 チャ/ジャ	쟈 チャ/ジャ	저 チョ/ジョ	져 チョ/ジョ	조 チョ/ジョ	죠 チョ/ジョ	주 チュ/ジュ	쥬 チュ/ジュ	즈 チュ/ジュ	지 チ/ジ
ㅎ [h]	하 ハ	햐 ヒャ	허 ホ	혀 ヒョ	호 ホ	효 ヒョ	후 フ	휴 ヒュ	흐 フ	히 ヒ

 声に出しながら書いて覚えましょう

ㄱ 가 야 거 겨 고 교 구 규 그 기

ㄴ 나 냐 너 녀 노 뇨 누 뉴 느 니

ㄷ 다 댜 더 뎌 도 됴 두 듀 드 디

ㄹ 라 랴 러 려 로 료 루 류 르 리

ㅁ 마 먀 머 며 모 묘 무 뮤 므 미

STEP 1

ハングルを書いてみよう

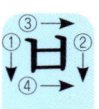 바 뱌 버 벼 보 뵤 부 뷰 브 비

 사 샤 서 셔 소 쇼 수 슈 스 시

 아 야 어 여 오 요 우 유 으 이

 자 쟈 저 져 조 죠 주 쥬 즈 지

 하 햐 허 혀 호 효 후 휴 흐 히

（3）習った文字で単語を書いてみよう

基本母音字と基本子音字を使って単語を書いてみましょう。

 声に出しながら書いて覚えましょう

お父さん 아버지 ア ボ ジ	아버지
お母さん 어머니 オ モ ニ	어머니
姉（弟から） 누나 ヌ ナ	누나
おばさん 아주머니 ア ジュ モ ニ	아주머니
子供 아이 ア イ	아이
女、女性 여자 ヨ ジャ	여자
歌手 가수 カ ス	가수
国 나라 ナ ラ	나라
街 거리 コ リ	거리
海 바다 パ ダ	바다

STEP 1 ハングルを書いてみよう

木	나무	ナム	나무
雨	비	ピ	비
牛	소	ソ	소
牛乳	우유	ウ ユ	우유
バス	버스	ポ ス	버스
靴	구두	ク ドゥ	구두
ズボン	바지	パ ジ	바지
CD	시디	シ ディ	시디
ラジオ	라디오	ラ ディ オ	라디오
声、音	소리	ソ リ	소리

ミニテスト1

❶ 10個の基本母音字は、辞書では次の配列順に並んでいます。
空欄にあてはまる文字を入れなさい。　　　　　　　　　　　　　　　（5×2点）

아（　）（　）여　오（　）（　）유（　）이

❷ 次の文字の発音を下のカタカナから選びなさい。　　　　　　　　　（10×2点）

①가（　）②나（　）③다（　）④라（　）⑤마（　）
⑥바（　）⑦사（　）⑧아（　）⑨자（　）⑩하（　）

ア　カ　サ　タ　ナ　ハ　マ　ラ　パ　チャ

❸ 次のように発音する単語を下から選びなさい。　　　　　　　　　　（5×2点）

①カス（歌手）　　　②コリ（街）　　　③ナム（木）

④ナラ（国）　　　⑤ヨジャ（女、女性）

가수　거리　구두　나라　나무
누나　바다　아이　여자　우유

4 次の空欄にあてはまる韓国語を入れなさい。 （10×3点）

① ☐（雨）が降って、☐☐（木）が濡れている。

② ☐☐（ズボン）を買いに、☐☐（街）へ出かける。

③ テレビでは、☐☐☐（お母さん）の好きな ☐☐（歌手）が歌っている。

④ ☐☐（バス）に乗って、☐☐（海）へ行く。

⑤ ☐☐（ＣＤ）の ☐☐（音）が心地よい。

5 次の単語を韓国語に直して書きなさい。 （10×3点）

① 姉（弟から）　　　　　　② 牛

③ お父さん　　　　　　　　④ おばさん

⑤ 女、女性　　　　　　　　⑥ 靴

⑦ 国　　　　　　　　　　　⑧ 子供

⑨ 牛乳　　　　　　　　　　⑩ ラジオ

合計得点　　　点

② 文字はこれで全部です

（1）激音・濃音をあらわす子音字

韓国語には、激音という息を強く吐き出すような発音が4つと、濃音というのどを緊張させて息を出さないようにする発音が5つあります。

 声に出して練習しましょう

子音字・名称	母音アのときの発音	発音の注意
激音 ㅊ （チィウッ）	차 tʃʰa （チャア）	激音は、息を強く吐き出しますが、大きな声を出す必要はありません。 また、文字の位置によって、濁音になることはありません。
ㅋ （キィウㄱ）	카 kʰa （カア）	
ㅌ （ティウッ）	타 tʰa （タア）	
ㅍ （ピィウプ）	파 pʰa （パア）	
濃音 ㄲ （サンギヨㄱ）	까 ʔka （ッカ）	濃音は、息を詰めて出しますが、早く言う必要はありません。 また、文字の位置によって、濁音になることはありません。
ㄸ （サンディグッ）	따 ʔta （ッタ）	
ㅃ （サンピウプ）	빠 ʔpa （ッパ）	
ㅆ （サンシオッ）	싸 ʔsa （ッサ）	
ㅉ （サンジウッ）	짜 ʔtʃa （ッチャ）	

ミニ知識 3　韓国語では、平音、激音、濃音の区別が大変重要です。口の前にティシュをかざして発音するとよくわかります。平音では少し揺れ、激音では大きく揺れ、濃音では揺れません。

平音　ㄱ　ㄷ　ㅂ　ㅅ　ㅈ
激音　ㅋ　ㅌ　ㅍ　　　ㅊ
濃音　ㄲ　ㄸ　ㅃ　ㅆ　ㅉ

声に出して練習しましょう

激音・濃音をあらわす子音字と基本母音字を組み合わせるとこのようになります。

STEP 1 ハングルを書いてみよう

子音字＼母音字	ㅏ ア[a]	ㅑ ヤ[ja]	ㅓ オ[ɔ]	ㅕ ヨ[jɔ]	ㅗ オ[o]	ㅛ ヨ[jo]	ㅜ ウ[u]	ㅠ ユ[ju]	ㅡ ウ[ɯ]	ㅣ イ[i]
ㅊ [tʃʰ]	차 チャ	챠 チャ	처 チョ	쳐 チョ	초 チョ	쵸 チョ	추 チュ	츄 チュ	츠 チュ	치 チ
ㅋ [kʰ]	카 カ	캬 キャ	커 コ	켜 キョ	코 コ	쿄 キョ	쿠 ク	큐 キュ	크 ク	키 キ
ㅌ [tʰ]	타 タ	탸 ティヤ	터 ト	텨 ティヨ	토 ト	툐 ティヨ	투 トゥ	튜 テュ	트 トゥ	티 ティ
ㅍ [pʰ]	파 パ	퍄 ピャ	퍼 ポ	펴 ピョ	포 ポ	표 ピョ	푸 プ	퓨 ピュ	프 プ	피 ピ
ㄲ [ʔk]	까 ッカ	꺄 ッキャ	꺼 ッコ	껴 ッキョ	꼬 ッコ	꾜 ッキョ	꾸 ック	뀨 ッキュ	끄 ック	끼 ッキ
ㄸ [ʔt]	따 ッタ	땨 ッティヤ	떠 ット	뗘 ッティヨ	또 ット	뚀 ッティヨ	뚜 ットゥ	뜌 ッテュ	뜨 ットゥ	띠 ッティ
ㅃ [ʔp]	빠 ッパ	뺘 ッピャ	뻐 ッポ	뼈 ッピョ	뽀 ッポ	뾰 ッピョ	뿌 ップ	쀼 ッピュ	쁘 ップ	삐 ッピ
ㅆ [ʔs]	싸 ッサ	쌰 ッシャ	써 ッソ	쎠 ッショ	쏘 ッソ	쑈 ッショ	쑤 ッス	쓔 ッシュ	쓰 ッス	씨 ッシ
ㅉ [ʔtʃ]	짜 ッチャ	쨔 ッチャ	쩌 ッチョ	쪄 ッチョ	쪼 ッチョ	쬬 ッチョ	쭈 ッチュ	쮸 ッチュ	쯔 ッチュ	찌 ッチ

声に出しながら書いて覚えましょう

차 챠 처 쳐 초 쵸 추 츄 츠 치

카 캬 커 켜 코 쿄 쿠 큐 크 키

타 탸 터 텨 토 툐 투 튜 트 티

파 퍄 퍼 펴 포 표 푸 퓨 프 피

ミニ知識 4

辞書では、次の順序で子音字が配列されています。
ㄱ ㄲ ㄴ ㄷ ㄸ ㄹ ㅁ ㅂ ㅃ ㅅ ㅆ ㅇ ㅈ ㅉ ㅊ ㅋ ㅌ ㅍ ㅎ
覚えるときは、濃音は関連する平音の後にあらわれるので省略し、母音字「ㅏ」をそえます。
가 까 나 다 따 라 마 바 빠 사 싸 아 자 짜 차 카 타 파 하

STEP 1

ハングルを書いてみよう

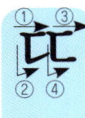
까 꺄 꺼 껴 꼬 꾜 꾸 뀨 끄 끼

따 땨 떠 뗘 또 뚀 뚜 뜌 뜨 띠

빠 뺘 뻐 뼈 뽀 뾰 뿌 쀼 쁘 삐

싸 쌰 써 쎠 쏘 쑈 쑤 쓔 쓰 씨

짜 쨔 쩌 쪄 쪼 쬬 쭈 쮸 쯔 찌

（2）合成母音字

基本の母音字を組み合わせて、「エ」の音や、「わ行」の発音をあらわす文字がつくられます。下の「発音の注意」に見るように、発音の差がわずかなものが多く混乱してしまいそうですが、神経質に区別する必要はありません。

声に出して練習しましょう

合成母音字	合成		発音の注意
ㅐ	ㅏ + ㅣ	ɛ	口をやや大きく開けて「エ」と発音
ㅒ	ㅑ + ㅣ	jɛ	口をやや大きく開けて「イェ」と発音
ㅔ	ㅓ + ㅣ	e	「エ」と発音
ㅖ	ㅕ + ㅣ	je	「イェ」と発音
ㅘ	ㅗ + ㅏ	wa	「ワ」と発音
ㅙ	ㅗ + ㅐ	wɛ	「ウェ」と発音し最後に唇を横に引く
ㅚ	ㅗ + ㅣ	we	「ウェ」と発音し最後まで唇を丸めたままにする
ㅝ	ㅜ + ㅓ	wɔ	「ウォ」と発音
ㅞ	ㅜ + ㅔ	we	「ウェ」と発音
ㅟ	ㅜ + ㅣ	wi	「ウィ」と発音
ㅢ	ㅡ + ㅣ	ɯi	唇を横に引いたまま「ウィ」と発音

ミニ知識 5

辞書では、次の順序で母音字が配列されています。
基本母音字の順序を覚えれば簡単です。合成母音字は分解して考えるとよいでしょう。もとの基本母音字の次にきていることがわかります。

아 애 야 얘 어 에 여 예 오 와 왜 외 요 우 워 웨 위 유 으 의 이

声に出しながら書いて覚えましょう

発音しない子音字「ㅇ」を添えて書いてみましょう。

STEP 1
ハングルを書いてみよう

애
애
에
에
와
왜
외
워
웨
위
의

（3）習った文字で単語を書いてみよう

激音・濃音をあらわす子音字と合成母音字を使って単語を書いてみましょう。

 声に出しながら書いて覚えましょう

兄（妹から） **오빠** オッパ	오빠
おじさん **아저씨** アジョッシ	아저씨
店 **가게** カゲ	가게
会社 **회사** フェサ	회사
頭、髪 **머리** モリ	머리
鼻 **코** コ	코
耳 **귀** クィ	귀
足、脚 **다리** タリ	다리
太陽 **해** ヘ	해
犬 **개** ケ	개

STEP 1 ハングルを書いてみよう

鳥 새 セ	새
お茶、車 차 チャ	차
コーヒー 커피 コ ピ	커피
汽車 기차 キ チャ	기차
スカート 치마 チ マ	치마
椅子 의자 ウィ ジャ	의자
教科書 교과서 キョ クァ ソ	교과서
時計 시계 シ ゲ	시계
切手 우표 ウ ピョ	우표
歌 노래 ノ レ	노래

ミニテスト2

❶ 次の文字を辞書の配列順に並べ替えなさい。 （10点）

아 카 가 사 타 다 나
하 마 라 자 차 바 파

❷ 次の単語の発音を下のカタカナから選びなさい。 （5×3点）

①교과서（　　　）②시계（　　　）③오빠（　　　）
④우표（　　　）　⑤회사（　　　）

ウピョ　オッパ　キョクァソ　シゲ　フェサ

❸ 次のように発音する単語を下から選びなさい。 （5×3点）

①アジョッシ（おじさん）　②カゲ（店）　③ケ（犬）

④コ（鼻）　⑤ヘ（太陽）

개　새　해　귀　비　코
가게　　기차　　아버지　　아저씨

4 次の空欄にあてはまる韓国語を入れなさい。　　　　　　　　　　(10×3点)

① ☐ (太陽) がまぶしく照らすなか、☐ (鳥) の声が聞こえる。

② ☐☐ (スカート) をはいて、☐☐ (コーヒー) を飲みに行く。

③ ☐ (犬) が ☐☐ (足) にじゃれつく。

④ ☐☐ (店) で ☐☐ (切手) を買う。

⑤ 店内に流れる ☐☐ (歌) が ☐ (耳) に心地よい。

5 次の単語を韓国語に直して書きなさい。　　　　　　　　　　　(10×3点)

①兄（妹から）　　　　　　　② 頭、髪

③椅子　　　　　　　　　　　④おじさん

⑤お茶、車　　　　　　　　　⑥会社

⑦汽車　　　　　　　　　　　⑧教科書

⑨時計　　　　　　　　　　　⑩鼻

合計得点 ◯ 点

3 パッチムと発音の変化

（1）パッチムとその発音

　韓国語には子音で終わる発音があります。それをあらわすためには、「子音字＋母音字＋子音字」の組み合わせにします。この最後の子音字をパッチムといい、発音上は7つに整理されます。また、2種類の文字を使うパッチム（キョッパッチム）もあります。

^{韓国}한국 ←パッチム　　^{にわとり}닭 ←キョッパッチム

 声に出して練習しましょう

パッチム	キョッパッチム		発音の注意
ㄱ ㅋ ㄲ	ㄳ ㄺ	k	「ク」を言うつもりで息を出さない
ㄷ ㅌ ㅅ ㅆ ㅈ ㅊ ㅎ	なし	t	「ツ」を言うつもりで息を出さない
ㅂ ㅍ	ㅄ ㄼ ㄿ	p	「プ」を言うつもりで口を閉じる
ㄴ	ㄵ ㄶ	n	あんないの「ン」 「ン」の後に「な行」の音がくるときの「ン」
ㅇ	なし	ŋ	まんがの「ン」 「ン」の後に「が行」の音がくるときの「ン」
ㅁ	ㄻ	m	「ム」を言うつもりで口を閉じる
ㄹ	ㄹㄱ ㄹㅂ ㄹㅅ ㄹㅌ ㄹㅎ	l	「ル」を言うつもりで息を出さない

> **ミニ知識 6**　韓国語には、漢字がもとになっているものがたくさんあります。そのため、漢字の韓国語読みを知っていると、ことばを一度に増やすことができます。日本語には音読み訓読みがありますが、韓国語に訓読みはなく、日本語の音読みに似ている場合が多いです。
>
> 例）^{キョクァソ}교과서（教科書）^{トソクァン}도서관（図書館）^{キョシル}교실（教室）

（2）習った文字で単語を書いてみよう

パッチムを使って単語を書いてみましょう。

 声に出しながら書いて覚えましょう

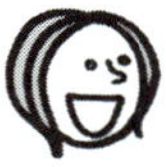

| 本 책 チェク |
| 服 옷 オッ |
| ごはん 밥 パプ |
| 値段 값 カプ |
| 目、雪 눈 ヌン |
| 体 몸 モム |
| 部屋 방 パン |
| パン 빵 ッパン |
| 水 물 ムル |
| 酒 술 スル |

（3）パッチムの発音の変化

ここでは、パッチムとその後に続く音が、いろいろと変化することを学習します。

たとえば日本語でも「月」（つき）が「三日月」（みかづき）と音がにごったり、「鉄」（てつ）が「鉄砲」（てっぽう）とつまった音に変化するのと同じように、互いの発音が影響しあうために起きる変化です。

❶ パッチムに続く音

①連音化（音がつながること）

パッチムの後に、母音で始まる音節（子音字「ㅇ」から始まる文字）がくると、音がつながって後に続く音節の音になります。

例）　**할아버지**（おじいさん）　→　**하라버지**（実際の発音）
　　　ハル　ア　ボ　ジ　　　　　　　ハ　ラ　ボ　ジ

キョッパッチムの場合は、連音して２つとも発音されます。

例）　**젊은이**（若者）　→　**절므니**（実際の発音）
　　　チョム　ウン　イ　　　　チョル　ム　ニ

単独では１つの発音しかしないのに、わざわざ２つの子音字を書くキョッパッチムは、このように、連音のときにあらわれる発音をあらわすための工夫だともいえます。

②口蓋音化（「ジ・チ」の発音になること）

「ㄷ」「ㅌ」パッチムに「이」が続く場合、「디」「티」ではなく「지」「치」の発音になります。

例）　**굳이**（あえて）　→　**구지**（実際の発音）
　　　クッ　イ　　　　　　ク　ジ

例）　**같이**（いっしょに）　→　**가치**（実際の発音）
　　　カッ　イ　　　　　　　カ　チ

③濃音化（つまった音になること）

「k」「t」「p」の発音をするパッチムに「ㄱ」「ㄷ」「ㅂ」「ㅅ」「ㅈ」が続く場合、続く子音は「ㄲ」「ㄸ」「ㅃ」「ㅆ」「ㅉ」のような、つまった発音になります（日本語の促音便に似ています）。

これはそれほどむずかしいことではありません。子音が続くので自然につまった発音になります。

④鼻音化（「ン」の発音になること）

「k」「t」「p」の発音をするパッチムに「ㄴ」「ㅁ」が続く場合、パッチムはそれぞれ「ㅇ」「ㄴ」「ㅁ」の発音になります（日本語の撥音便に似ています）。

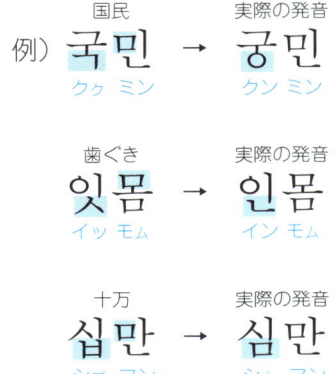

これもそれほどむずかしいことではありません。自然に「ン」の発音になります。

❷ 「ㄹ」「ㄴ」が関係する変化

①「ㄹ」の鼻音化（「ㄹ」は「ㄴ」に変化します）

「ㅁ」「ㅇ」パッチムに「ㄹ」が続く場合、「ㄹ」は「ㄴ」の発音になります。

例）　心理学　　　　実際の発音
　　 심리학　→　심니학
　　 シム リ ハｸ　　シム ニ ハｸ

　　　大統領　　　　実際の発音
　　 대통령　→　대통녕
　　 テ トン リョン　　テ トン ニョン

また、「ㄱ」「ㅂ」パッチムに「ㄹ」が続く場合、パッチムはそれぞれ「ㅇ」「ㅁ」の発音になり、「ㄹ」は「ㄴ」の発音になります。

例）　百里　　　　実際の発音
　　 백리　→　뱅니
　　 ペｸ リ　　　ペン ニ

　　　十里　　　　実際の発音
　　 십리　→　심니
　　 シｐ リ　　シム ニ

②流音化（「ㄴ」が「ㄹ」に変化します）

「ㄴ」「ㄹ」パッチムに「ㄴ」「ㄹ」が続く場合、「ㄴ」は「ㄹ」の発音になります。

例）　新羅　　　　実際の発音
　　 신라　→　실라
　　 シン ラ　　シル ラ

　　　元旦　　　　実際の発音
　　 설날　→　설랄
　　 ソル ナル　　ソル ラル

❸ 「ㅎ」が関係する変化

①激音化（子音が激音化します）

「ㄱ」「ㄷ」「ㅂ」「ㅈ」の前後に「ㅎ」がくる場合、それぞれ「ㅋ」「ㅌ」「ㅍ」「ㅊ」の激

音に変化します。「ㅎ」は息を激しく出すので、子音を激音にします。

例）좋다 → 조타
　　チョッタ　　チョ タァ
　　よい　　　実際の発音

② 「ㅎ」の無音化（母音がくると発音されません）

「ㅎ」パッチムに母音が続く場合、激音化ができないので「ㅎ」は発音しません。

例）좋아요 → 조아요
　　チョッア ヨ　　チョ ア ヨ
　　よいです　　　実際の発音

（4）習った文字で単語を書いてみよう

パッチムについてより深く学びました。パッチムを使って単語を書いてみましょう。

声に出しながら書いて覚えましょう

おじいさん **할아버지** ハラボジ	할아버지	
おばあさん **할머니** ハルモニ	할머니	
姉（妹から） **언니** オンニ	언니	
弟、妹 **동생** トンセン	동생	
男、男性 **남자** ナムジャ	남자	
人 **사람** サラム	사람	
友達 **친구** チング	친구	
先生 **선생님** ソンセンニム	선생님	
学生、生徒 **학생** ハㇰセン	학생	
日本 **일본** イルボン	일본	

STEP 1 ハングルを書いてみよう

韓国 **한국** ハン グゥ	한국
中国 **중국** チュン グゥ	중국
ソウル **서울** ソ ウル	서울
学校 **학교** ハッキョ	학교
病院 **병원** ピョン ウォン	병원
市場 **시장** シ ジャン	시장
ホテル **호텔** ホ テル	호텔
トイレ **화장실** ファ ジャン シル	화장실
タクシー **택시** テゥ シ	택시
地下鉄 **지하철** チ ハ チョル	지하철

（5）ハングルによる日本語の表記

日本語の固有名詞（人名・地名など）は下の表にしたがってあらわします。本書では五十音順ではなくハングルの特徴に合わせて、ヤ行とワ行の位置をずらしています。

行		あ/い/う/え/お				行		や/ゆ/よ		
ア行		아 (あ)	이 (い)	우 (う)	에 (え)	오 (お)	ヤ行		야 (や)	유 (ゆ)	요 (よ)
カ行	語頭	가 (か)	기 (き)	구 (く)	게 (け)	고 (こ)	キャ行	語頭	갸 (きゃ)	규 (きゅ)	교 (きょ)
	語中	카	키	쿠	케	코		語中	캬	큐	쿄
サ行		사 (さ)	시 (し)	스 (す)	세 (せ)	소 (そ)	シャ行		샤 (しゃ)	슈 (しゅ)	쇼 (しょ)
タ行	語頭	다 (た)	지 (ち)	쓰 (つ)	데 (て)	도 (と)	チャ行	語頭	자 (ちゃ)	주 (ちゅ)	조 (ちょ)
	語中	타	치	쓰	테	토		語中	차	추	초
ナ行		나 (な)	니 (に)	누 (ぬ)	네 (ね)	노 (の)	ニャ行		냐 (にゃ)	뉴 (にゅ)	뇨 (にょ)
ハ行		하 (は)	히 (ひ)	후 (ふ)	헤 (へ)	호 (ほ)	ヒャ行		햐 (ひゃ)	휴 (ひゅ)	효 (ひょ)
マ行		마 (ま)	미 (み)	무 (む)	메 (め)	모 (も)	ミャ行		먀 (みゃ)	뮤 (みゅ)	묘 (みょ)
ラ行		라 (ら)	리 (り)	루 (る)	레 (れ)	로 (ろ)	リャ行		랴 (りゃ)	류 (りゅ)	료 (りょ)
ガ行		가 (が)	기 (ぎ)	구 (ぐ)	게 (げ)	고 (ご)	ギャ行		갸 (ぎゃ)	규 (ぎゅ)	교 (ぎょ)
ザ行		자 (ざ)	지 (じ)	즈 (ず)	제 (ぜ)	조 (ぞ)	ジャ行		자 (じゃ)	주 (じゅ)	조 (じょ)
ダ行		다 (だ)	지 (ぢ)	즈 (づ)	데 (で)	도 (ど)	ヂャ行		자 (ぢゃ)	주 (ぢゅ)	조 (ぢょ)
バ行		바 (ば)	비 (び)	부 (ぶ)	베 (べ)	보 (ぼ)	ビャ行		뱌 (びゃ)	뷰 (びゅ)	뵤 (びょ)
パ行		파 (ぱ)	피 (ぴ)	푸 (ぷ)	페 (ぺ)	포 (ぽ)	ピャ行		퍄 (ぴゃ)	퓨 (ぴゅ)	표 (ぴょ)
ワ行		와 (わ)		오 (を)		ㄴ (ん)	促音			ㅅ	

🗨️ ポイント

①日本語のように清音・濁音を区別する考え方はハングルにはありません。「ㄱ」「ㄷ」「ㅈ」は、語頭では清音になりますが、語中・語末では濁音になります。したがって、語頭の濁音をハングルで正確にあらわすことはできません。また、語中で清音をあらわすにはそれぞれ「ㅋ」「ㅌ」「ㅊ」を使います。
　例）岐阜（ぎふ）→기후（キフ）、秋田（あきた）→아키타（アキタ）

②ハングルでは長母音と短母音の区別をしないので、その違いをあらわすことはできません。
　例）東京（とうきょう）→도쿄（トキョ）、伊藤（いとう）→이토（イト）

③「す」は「수」（ス）ではなく「스」であらわします。
　例）鈴木（すずき）→스즈키（スジュキ）

④「ち」は「디／티」（ティ）ではなく「지／치」であらわします。
　例）千葉（ちば）→지바（チバ）、山口（やまぐち）→야마구치（ヤマグチ）

⑤また、「つ」は、「두／투」（トゥ）ではなく「쓰」であらわします。
　例）葛飾（かつしか）→가쓰시카（カツシカ）

⑥「を」は「워」（ゥオ）ではなく「오」（オ）であらわします。

⑦「ん」は「ㄴ」パッチムを使います。
　例）群馬（ぐんま）→군마（クンマ）

⑧「チャ行」は「ㄷ」ではなく「ㅈ／ㅊ」を使います。
　例）御茶ノ水（おちゃのみず）→오차노미즈（オチャノミジュ）

⑨促音の「ッ」は「ㅅ」パッチムを使います。
　例）北海道（ほっかいどう）→홋카이도（ホッカイド）

ミニテスト3

❶ 自分の名前をハングルで書きなさい。　　　　　　　　　　　　　　　　（10点）

❷ 次の単語の発音を下のカタカナから選びなさい。　　　　　　　　　　　　（5×3点）

①값（　　　）　②병원（　　　）　③일본（　　　）
④친구（　　　）　⑤화장실（　　　）

　　　イルポン　カプ　チング　ファジャンシル　ピョンウォン

❸ 次のように発音する単語を下から選びなさい。　　　　　　　　　　　　　（5×3点）

①ハクセン（学生、生徒）　②ハルモニ（おばあさん）　③ハングク（韓国）

④パン（部屋）　⑤ムル（水）

　　　물　술　방　빵　중국　학교
　　　학생　한국　할머니　할아버지

4 次の空欄にあてはまる韓国語を入れなさい。　　　　　　　　　　（10×3点）

① ☐☐（韓国）の ☐☐（ソウル）に来た。

② ☐☐（タクシー）で、☐☐（ホテル）に向かう。

③ ☐☐（妹）と ☐（ごはん）を食べる。

④ ☐☐☐（地下鉄）で ☐☐（市場）に行く。

⑤ ☐☐（学生）に頼まれた ☐（本）を買う。

5 次の単語を韓国語に直して書きなさい。　　　　　　　　　　　　（10×3点）

① 姉（妹から）　　　　　　② 男、男性

③ 体　　　　　　　　　　　④ トイレ

⑤ 日本　　　　　　　　　　⑥ 人

⑦ 病院　　　　　　　　　　⑧ 服

⑨ 水　　　　　　　　　　　⑩ 目、雪

合計得点　　　点

STEP
2
韓国語を書いてみよう

はじめに

❶ 韓国語と日本語について

文字と発音以外の面では、韓国語と日本語はとてもよく似ています。
①文章の語順は日本語とほぼ同じ。
②日本語に類似した助詞と文末表現がある。
③漢字由来の共通語彙(ごい)が多い。

では、次の文を例に詳しく見てみましょう。

私は	韓国語を	勉強して	います
나는	한국어를	공부하고	있어요.
ナ ヌン	ハン グ ゴ ル ル	コン ブ ハ ゴ	イッ ソ ヨ

英語の"I am studying Korean"（私、いる、勉強して、韓国語）と比べると、語順が等しいことがよくわかります。

나：「私」という意味の代名詞です。
英語のように"I, my, me"という格による変化はありません。

는：「～は」という意味の助詞です。日本語の助詞とよく似ています。

한국어：「韓国語」という意味の名詞です。「韓国語」という漢字からきています。
漢字由来ですので、たとえば「国語」はそのまま「국어」になります。

를：「～を」という意味の助詞です。

공부하：「勉強し～」という意味です。
「勉強する」という意味の動詞「공부하다」の語幹（変化しない部分）です。

고：「～て」という意味の語尾です。

있：「い〜」という意味です。補助動詞「있다」（いる）の語幹です。

어요：「〜ます」という意味の語尾です。ていねいな言い終わりをあらわします。

❷ 文を書くときの注意

　韓国語は、横書きで書くことが多いです。また、分かち書きをするので、文節（最小限の意味のまとまり）ごとに一字分空けて表記します。

　日本語では文の途中に「、」をつけたり、文末には「。」をつけます。同じように韓国語では文の途中には「，」（カンマ）、文末には「．」（ピリオド）をつけます。ただし、疑問文には「？」を使います。感嘆文に「！」を使うこともあります。

❸ 助詞を覚えましょう

　韓国語には日本語のように「助詞」があります。助詞を覚えると表現がぐんと広がります。助詞は名詞につきます。前にくる語の最後にパッチムがある場合とない場合で形が変わるものもあります。「나」（私）、「회사원」（会社員）を例に詳しく見てみましょう。

助詞		パッチムなし	パッチムあり	説明と文章例
가 / 이 ガ　イ	が	내가 *¹ ネ ガ	회사원이 フェ サ ウォ ニ	내가 학생이에요．（私が学生です） パッチムの有無で変化します。パッチムのある名詞に、母音から始まるほうの助詞を使うので、パッチムが連音します。
는 / 은 ヌン　ン	は	나는 ナ ヌン	회사원은 フェ サ ウォ ヌン	나는 학생이에요．（私は学生です） パッチムの有無で変化し、パッチムが連音します。
도 ト	も	나도 ナ ド	회사원도 フェ サ ウォン ド	나도 학생이에요．（私も学生です） パッチムの有無で変化しません。

		パッチムなし	パッチムあり	
와 / 과 ワ クァ	と	나와 ナ ワ	회사원과 フェ サ ウォン クァ	나와 학생.（私と学生） パッチムの有無で変化します。ほかの助詞と違い、パッチムのないものに母音から始まる助詞を使います。
를 / 을 ルル ウル	を	나를 ナ ルル	회사원을 フェ サ ウォ ヌル	나를 보아요.（私を見なさい） パッチムの有無で変化し、パッチムが連音します。
의 *2 ウィ（エ）	の	나의（내）*3 ナ エ ネ	회사원의 フェ サ ウォ ネ	나의 학생.（私の学生） パッチムの有無で変化しません。ただし、母音から始まる助詞なので、パッチムが連音します。

*1 「나가」ではなく、「내가」となることも覚えておきましょう。
*2 「의（ウィ）」はこの意味のときは「エ」と発音するのが普通です。
*3 「나의」は縮めて「내」とすることが多いです。

❹ 用言（動詞・形容詞など）と語尾の変化

　日本語の用言が活用するように（例:「行く」→「行か（ない）」「行き（ます）」「行く」「行く（とき）」「行け（ば）」「行け」）、韓国語の用言と語尾もつながる形がいろいろあります。また、助詞と同じようにパッチムの有無で変化するものもあります。「가다」（行く）、「먹다」（食べる）を例に詳しく見てみましょう。

用言と語尾の変化		パッチムなし	パッチムあり	説明と文章例
語幹＋다 タ	基本形	가다 カ ダ	먹다 モク タ	用言は「語幹（変化しない部分）＋다」が基本の形となります。
語幹＋고 ゴ	て	가고 カ ゴ	먹고 モッ コ	가고 있어요.（行っています） パッチムの有無で変化しません。
語幹＋면 ミョン ／으면 ウミョン	ば	가면 カ ミョン	먹으면 モ グ ミョン	가면 돼요.（行けばよいです） パッチムの有無で変化します。パッチムがある場合は、語幹との間に「으」が入るのでパッチムが

語幹＋아요/어요（です/ます）

가요（カヨ）*1　먹어요（モゴヨ）

連音します。

가요．（行きます）
パッチムの有無で変化しません。ただし、用言と語幹の間に「아」あるいは「어」が入るので、パッチムがある場合は連音します。*2

*1 韓国語では、母音が連続すると1つの母音になることが多いので、母音で終わる用言の連用形は、「아」または「어」をつけた形を縮約した形がよく使われます。そのため、「가다」は「가아요」が縮約されて「가요」となります。
*2 「아」「어」のどちらが入るかは、母音同士の結びつきやすさによります。「ㅏ」「ㅑ」「ㅗ」「ㅘ」の4つの母音に続く場合は「아」がつき、そのほかの場合は「어」が入ります。

　以上が用言と語尾の変化の基本ですが、日本語の動詞に変格活用があるように、韓国語の用言にも不規則なものが多くあります。それらは、ひとつひとつ覚えるしかありません。

❺ 数の読み方

　日本語では、「イチ、ニ、サン……」と「ひとつ、ふたつ、みっつ……」という2通りの数え方がありますが、韓国語も、漢数詞と固有数詞の2つがあります。同じ「1」でも、計算をしたり金額をあらわすときは漢数詞で「イル」と読み、物を数えたり年齢をあらわすときは固有数詞で「ハナ」と読み上げます。

①漢数詞

中国語の発音がもとになっているので、日本の音読みとよく似ています。

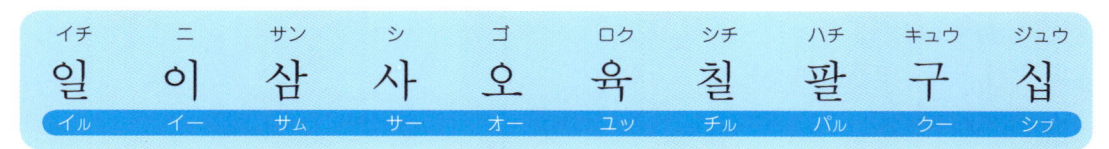

イチ	ニ	サン	シ	ゴ	ロク	シチ	ハチ	キュウ	ジュウ
일	이	삼	사	오	육	칠	팔	구	십
イル	イー	サム	サー	オー	ユッ	チル	パル	クー	シプ

②固有数詞

物を数えるときによく使われます。時刻や年齢をあらわすときにもこちらを使います。

ひとつ	ふたつ	みっつ	よっつ	いつつ	むっつ	ななつ	やっつ	ここのつ	とお
하나	둘	셋	넷	다섯	여섯	일곱	여덟	아홉	열
ハナ	トゥル	セッ	ネッ	タソッ	ヨソッ	イルコプ	ヨドゥル	アホプ	ヨル

1 ホテルで名前を聞かれました
「私は〜です」 저는／은 〜예요

ポイント

「는／은」という助詞は「〜は」という意味で使います。パッチムに続くときは「은」を使い、連音します。韓国語は敬語が発達しているので、相手が明らかに目下の場合（子供や年齢差があるとき）は謙譲語の「저」（私）の代わりに「나」を使うのが自然です。

> お名前はなんとおっしゃいますか
> **성함이 어떻게 되십니까?**
> ソンハミ オットケ テシムニッカ
>
> 私は鈴木です
> **저는 스즈키예요.**
> チョヌン スジュキイェヨ

私は鈴木です
1 저는 스즈키예요.
チョヌン スジュキ イェヨ

私は佐藤です
2 저는 사토예요.
チョヌン サト イェヨ

私は山田です
3 저는 야마다예요.
チョヌン ヤマダ イェヨ

私は斉藤です
4 저는 사이토예요.
チョヌン サイト イェヨ

私は田中です
5 저는 다나카예요.
チョヌン タナカ イェヨ

> **コラム 1**
> 韓国では「김」（金）「이」（李）「박」（朴）がもっとも多い姓です。「최」（崔）「정」（鄭）「조」（趙）「강」（姜）「장」（張）などもありますが、あまり種類は多くありません。また、韓国では日本のように結婚によって姓が変わることはありません。夫婦の姓は通常違いますし、母親と子供の姓も異なるのが普通です。

声に出しながら書いて覚えましょう

STEP 2 韓国語を書いてみよう

1 저는 스즈키예요.

2 저는 사토예요.

3 저는 야마다예요.

4 저는 사이토예요.

5 저는 다나카예요.

2 フロントで時間をたずねました
「〜は何時からですか」 〜는/은 몇 시부터예요？

😀 ポイント

　下の文を見るとパッチムの有無で「〜は」という助詞が変化していることがわかります。
　疑問文は、文章では「？」をつけてあらわしますが、会話では語尾のイントネーションを上げることで表現します。

チェックインは何時からですか　　　　　　　　午前7時からです
체크인은 몇 시부터예요？　**오전 일곱 시부터예요.**
チェク イ ヌン ミョッ シ プ ト イェ ヨ　　　オ ジョン イル ゴプ シ プ ト イェ ヨ

1 チェックインは何時からですか
체크인은 몇 시부터예요？
チェク イ ヌン ミョッ シ プ ト イェ ヨ

2 朝の食事は何時からですか
아침 식사는 몇 시부터예요？
ア チム シク サ ヌン ミョッ シ プ ト イェ ヨ

3 チェックアウトは何時からですか
체크아웃은 몇 시부터예요？
チェク ア ウ スン ミョッ シ プ ト イェ ヨ

4 空港バスは何時からですか
공항버스는 몇 시부터예요？
コン ハン ボ ス ヌン ミョッ シ プ ト イェ ヨ

5 レストランは何時からですか
레스토랑은 몇 시부터예요？
レ ス ト ラングン ミョッ シ プ ト イェ ヨ

コラム 2　「ホテル」「バス」などの外来語は、もととなる言葉が同じなので韓国語でも日本語でも似ていることが多く、わかりやすいと思います。ただし、韓国語では「f」を「ㅍ」であらわすため、パソコンの「ファイル（file）」は「파일」（パイル）に、応援のときの「ファイティング（fighting）」は「파이팅」（パイティング）となります。

声に出しながら書いて覚えましょう

STEP 2 韓国語を書いてみよう

1 체크인은 몇 시부터예요?

2 아침 식사는 몇 시부터예요?

3 체크아웃은 몇 시부터예요?

4 공항버스는 몇 시부터예요?

5 레스토랑은 몇 시부터예요?

3 街で場所をたずねました
「この近くに〜がありますか」이 근처에 〜가/이 있어요？

😀 ポイント

「가/이」という助詞は「〜が」という意味で使います。パッチムに続くときは「이」を使い、連音します。

この近くにコーヒーショップがありますか
이 근처에 커피숍이 있어요？
イ クン チョ エ コ ピ ショ ピ イッ ソ ヨ

はい、そこにあります
네, 저기 있어요.
ネ チョ ギ イッ ソ ヨ

この近くにコーヒーショップがありますか
1 이 근처에 커피숍이 있어요？
イ クン チョ エ コ ピ ショ ピ イッ ソ ヨ

この近くに旅行社がありますか
2 이 근처에 여행사가 있어요？
イ クン チョ エ ヨ ヘン サ ガ イッ ソ ヨ

この近くに地下鉄の駅がありますか
3 이 근처에 지하철역이 있어요？
イ クン チョ エ チ ハ チョル ヨ ギ イッ ソ ヨ

この近くに警察署がありますか
4 이 근처에 경찰서가 있어요？
イ クン チョ エ キョン チャル ソ ガ イッ ソ ヨ

この近くにトイレがありますか
5 이 근처에 화장실이 있어요？
イ クン チョ エ ファ ジャン シ リ イッ ソ ヨ

コラム 3　ソウルから韓国内のほかの都市に出かけるのに便利なのが、高速バスです。国内線の飛行機や「KTX（韓国高速鉄道）」に比べると時間はかかりますが、料金が安く本数が多いのが魅力です。韓国は高速道路の建設が進んでおり、主要都市のほとんどが高速道路で結ばれています。近郊の都市に行く際にはぜひご利用ください。

声に出しながら書いて覚えましょう

1 이 근처에 커피숍이 있어요?

2 이 근처에 여행사가 있어요?

3 이 근처에 지하철역이 있어요?

4 이 근처에 경찰서가 있어요?

5 이 근처에 화장실이 있어요?

④ 友達の誘いをことわりました
「いま～がありません」 지금 ～가／이 없어요

🙂 ポイント

「있어요」（あります）と「없어요」（ありません）は対で覚えておきましょう。

時間がありますか　　　　　いま時間がありません
시간이 있어요?　지금 시간이 없어요.
　シガニ　イッソヨ　　　チグム　シガニ　オプソヨ

いま時間がありません
1　지금 시간이 없어요.
　　チグム　シガニ　オプソヨ

いまお金がありません
2　지금 돈이 없어요.
　　チグム　トニ　オプソヨ

いま財布がありません
3　지금 지갑이 없어요.
　　チグム　チガビ　オプソヨ

いま名刺がありません
4　지금 명함이 없어요.
　　チグム　ミョンハミ　オプソヨ

いま携帯電話がありません
5　지금 휴대폰이 없어요.
　　チグム　ヒュデポニ　オプソヨ

コラム4　時刻の言い方を覚えましょう。時刻をあらわすときは固有数詞を使います。
1時:한 시（ハンシ）、2時:두 시（トゥシ）、3時:세 시（セシ）、4時:네 시（ネシ）、5時:다섯 시（タソッシ）、6時:여섯 시（ヨソッシ）、7時:일곱 시（イルコプシ）、8時:여덟 시（ヨドルシ）、9時:아홉 시（アホプシ）、10時:열 시（ヨルシ）、11時:열한 시（ヨルハンシ）、12時:열두 시（ヨルトゥシ）

54

声に出しながら書いて覚えましょう

1 지금 시간이 없어요.

2 지금 돈이 없어요.

3 지금 지갑이 없어요.

4 지금 명함이 없어요.

5 지금 휴대폰이 없어요.

5 地下鉄に乗りました
「～に行きますか」～에 가요?

ポイント

「에」という助詞は「～に」という意味で、時間や場所をあらわすときに使います。パッチムの有無で変化しませんが、母音で始まる語なので、パッチムがある場合は連音します。

ソウル駅に行きますか
서울역에 가요?
ソ ウル リョ ゲ カ ヨ

はい、行きます／いいえ、行きません
네, 가요. / 아니요, 안 가요.
ネ カ ヨ ／ ア ニ ヨ アン カ ヨ

ソウル駅に行きますか
1 **서울역에 가요?**
ソ ウル リョ ゲ カ ヨ

東大門に行きますか
2 **동대문에 가요?**
トン デ ム ネ カ ヨ

明洞に行きますか
3 **명동에 가요?**
ミョン ド ンゲ カ ヨ

市庁に行きますか
4 **시청에 가요?**
シ チョンゲ カ ヨ

弘大入口に行きますか
5 **홍대입구에 가요?**
ホン デ イㇷ゚ ク エ カ ヨ

コラム 5

南大門や東大門の近くの商業地域は、観光地として有名です。ソウルはそのむかし、街全体が城壁で囲まれていたためこのような門がつくられました。ほかには西大門と北門がありましたが、北門は暗門のため大きな城門はありませんでした。また、西小門・南小門（水口門）・北小門・東小門などもありました。

声に出しながら書いて覚えましょう

1 서울역에 가요 ?

2 동대문에 가요 ?

3 명동에 가요 ?

4 시청에 가요 ?

5 홍대입구에 가요 ?

6 タクシーで観光をすすめられました
「～は行きません」 ～는/은 안 가요

ポイント

「～しない」という否定文は、用言（動詞・形容詞など）の前に「안」をつけ、否定形にします。「가요」（行きます）、「안 가요」（行きません）。

景福宮は行きますか
경복궁은 가요?
キョンボックングン カ ヨ

景福宮は行きません
경복궁은 안 가요.
キョンボックングン アン カ ヨ

景福宮は行きません
1 **경복궁은 안 가요.**
キョンボックングン アン カ ヨ

ロッテ百貨店は行きません
2 **롯데백화점은 안 가요.**
ロッテ ペッカ チョムン アン カ ヨ

延世大学校は行きません
3 **연세대학교는 안 가요.**
ヨンセ デ ハッキョヌン アン カ ヨ

国立博物館は行きません
4 **국립박물관은 안 가요.**
クン ニプ パン ムル クァ ヌン アン カ ヨ

汝矣島は行きません
5 **여의도는 안 가요.**
ヨ イ ド ヌン アン カ ヨ

コラム 6　韓国のタクシーは自動ドアではありません。普通の車と同様、乗り降りするときには自分でドアを開閉します。深夜には同じ方向のお客さんを途中で乗せ、相乗りさせることも目にしますが、これは違法な行為なので注意しましょう。タクシーに乗るときは、「모범（モボム）」という標示のある"模範タクシー"のご利用をおすすめします。

声に出しながら書いて覚えましょう

1 경복궁은 안 가요.

2 롯데백화점은 안 가요.

3 연세대학교는 안 가요.

4 국립박물관은 안 가요.

5 여의도는 안 가요.

7 メニュー選びに迷いました
指示をする言葉：이、그、저、어느、모두

ポイント

「이」は「この」、「그」は「その」、「저」は「あの」、「어느」は「どれ」、「모두」は「すべて」の意味です。「これ」「それ」「あれ」と言うときは「것」（もの）をつけて「이것」「그것」「저것」とします。

これは辛いですか　　　　　　　はい、とっても／いいえ、全然
이것은 매워요 ?　네, 아주. ／아니요, 전혀.
　イ　ゴ　スン　メ　ウォ　ヨ　　　ネ　　アジュ　　　アニヨ　　チョニョ

これは辛いですか
1 **이것은 매워요 ?**
　イ　ゴ　スン　メ　ウォ　ヨ

それは辛いですか
2 **그것은 매워요 ?**
　ク　ゴ　スン　メ　ウォ　ヨ

あれは辛いですか
3 **저것은 매워요 ?**
　チョ　ゴ　スン　メ　ウォ　ヨ

どれが辛いですか
4 **어느 것이 매워요 ?**
　オ　ヌ　ゴ　シ　メ　ウォ　ヨ

すべて辛いですか
5 **모두 매워요 ?**
　モ　ドゥ　メ　ウォ　ヨ

コラム7　日本と韓国では、食事のマナーが違います。ポイントはスプーンを使うこと。箸はおかずをつまむのに使い、ごはんと汁物はスプーンを使います。器は動かないように左手で軽く押さえます。めん類でもスープを飲むときはスプーンを使います。日本でそばやラーメンを食べるときのように、食器を持ち上げて口をつけて飲んではいけません。

声に出しながら書いて覚えましょう

1 이것은 매워요?

2 그것은 매워요?

3 저것은 매워요?

4 어느 것이 매워요?

5 모두 매워요?

8 料理の感想を聞かれました
助詞：가／이、는／은、도、와／과、만

ポイント

「가／이」は「〜が」、「는／은」は「〜は」、「도」は「〜も」、「와／과」は「〜と」、「만」は「〜だけ」の意味です。パッチムの有無による変化に注意しましょう。

味はどうですか　　これがおいしいです
맛이 어때요? 이것이 맛있어요.
マシ オッテヨ　　イゴシ マシッソヨ

これがおいしいです
1 **이것이 맛있어요.**
　 イゴシ マシッソヨ

これはおいしいです
2 **이것은 맛있어요.**
　 イゴスン マシッソヨ

これもおいしいです
3 **이것도 맛있어요.**
　 イゴット マシッソヨ

これとそれがおいしいです
4 **이것과 저것이 맛있어요.**
　 イゴックァ チョゴシ マシッソヨ

これだけがおいしいです
5 **이것만 맛있어요.**
　 イゴッマン マシッソヨ

コラム 8

韓国料理の店で料理を注文すると、まず小皿に入った惣菜がいくつか出てきます。これはミッパンチャン（基本のおかず）といって、注文のあるなしにかかわらず出てきて、料金は請求されません。キムチ類もこの仲間に入るので、別途注文する必要はありません。おいしければ遠慮なく、「더 주세요（もう少し下さい）」と言ってください。
トジュセヨ

声に出しながら書いて覚えましょう

STEP 2 韓国語を書いてみよう

1 이것이 맛있어요.

2 이것은 맛있어요.

3 이것도 맛있어요.

4 이것과 저것이 맛있어요.

5 이것만 맛있어요.

⑨ 伝統茶は種類が豊富です
「～を飲みたいです」 ～를／을 마시고 싶어요

😊 ポイント

「-고 싶어요」は「～したいです」という希望をあらわす意味です。今回の場合は「마시다」（飲む）の語幹「마시」と結びついて「마시고 싶어요」（飲みたいです）となります。

何をお飲みになりますか　　シッケを飲みたいです
뭘 드시겠어요?　식혜를 마시고 싶어요.
ムォル トゥ シ ゲッ ツョ　シ ケ ル　マ シ ゴ　シ ポ ヨ

シッケを飲みたいです
1　식혜를 마시고 싶어요.
シ ケ ル　マ シ ゴ　シ ポ ヨ

水正果を飲みたいです
2　수정과를 마시고 싶어요.
ス ジョン クァ ル ル　マ シ ゴ　シ ポ ヨ

ゆずのお茶を飲みたいです
3　유자차를 마시고 싶어요.
ユ ジャ チャ ル ル　マ シ ゴ　シ ポ ヨ

生姜のお茶を飲みたいです
4　생강차를 마시고 싶어요.
セン ガン チャ ル ル　マ シ ゴ　シ ポ ヨ

高麗人参のお茶を飲みたいです
5　인삼차를 마시고 싶어요.
イン サム チャ ル ル　マ シ ゴ　シ ポ ヨ

コラム 9　シッケは、麦芽の溶液に硬めに炊いたごはんを入れて発酵させた飲み物です。日本の甘酒と作り方は同じですが、アルコール分はなく甘さもほどほどで、スッキリとしたのどごしです。水正果は、煎じた生姜汁に蜂蜜を入れ、干し柿・松の実・シナモンなどを加えて冷やした飲み物です。こちらもさわやかな味がします。

声に出しながら書いて覚えましょう

1 식혜를 마시고 싶어요.

2 수정과를 마시고 싶어요.

3 유자차를 마시고 싶어요.

4 생강차를 마시고 싶어요.

5 인삼차를 마시고 싶어요.

10 お茶を飲みながら話しをしました
「〜しています」 －고 있어요

ポイント

この「－고 있어요」（しています）という表現は、日本語の「〜しています」と同様に、動作を今しているという現在進行形を意味するときと、状態をあらわすときの2通りの場合に使われます。

週末は何をしていますか
주말은 무엇을 하고 있어요?
チュマルン ム オスル ハゴ イッソヨ

学校に通っています
학교에 다니고 있어요.
ハッキョエ タニゴ イッソヨ

学校に通っています
1 **학교에 다니고 있어요.**
ハッキョエ タニゴ イッソヨ

英語を習っています
2 **영어를 배우고 있어요.**
ヨンゴルル ペウゴ イッソヨ

韓国語を勉強しています
3 **한국어를 공부하고 있어요.**
ハングゴルル コンブハゴ イッソヨ

仕事をしています
4 **일을 하고 있어요.**
イルル ハゴ イッソヨ

日本語を教えています
5 **일본어를 가르치고 있어요.**
イルポノルル カルチゴ イッソヨ

コラム 10

日本語では既婚であることを、「結婚しています」と表現するので「결혼하고 있어요」（キョロンハゴ イッソヨ）と言いたくなります。しかし、韓国語では「결혼했어요」（キョロンヘッソヨ）（結婚しました）という表現を使います。また、男性は「장가 갔어요」（チャンガ カッソヨ）『丈家（妻の実家）に行った』、女性は「시집 갔어요」（シチプ カッソヨ）『媤家（夫の実家）に行った』と言うこともあります。

声に出しながら書いて覚えましょう

1 학교에 다니고 있어요.

2 영어를 배우고 있어요.

3 한국어를 공부하고 있어요.

4 일을 하고 있어요.

5 일본어를 가르치고 있어요.

ミニテスト４

❶ 次の韓国語の意味を下から選び記号で答えなさい。　　　　　　　　　　（2 × 10点）

（１）이 근처에 커피숍이 있어요 ? ☐

①この近くにコーヒーショップがありますか。
②この近くにトイレがありますか。
③この近くに警察署がありますか。

（２）서울역에 가요 ? ☐

①市庁に行きますか。
②ソウル駅に行きますか。
③東大門に行きますか。

❷ 次の日本語にあう韓国語を下から選び記号で答えなさい。　　　　　　　（2 × 10点）

（１）どれが辛いですか。 ☐

①그것은 매워요 ?
②어느 것이 매워요 ?
③모두 매워요 ?

（２）これがおいしいです。 ☐

①이것만 맛있어요 .
②이것은 맛있어요 .
③이것이 맛있어요 .

❸ 次の日本語にあうように、下の韓国語を並び替えて文章を完成させなさい。(2 × 10 点)
(1) いま時間がありません。

....

[　시간이　　없어요　　지금　]

(2) 景福宮は行きません。

....

[　가요　　경복궁은　　안　]

❹ 次の韓国語を日本語に直しなさい。　　　　　　　　　　　　　(2 × 10 点)
(1) 체크인은 몇 시부터예요？

....

(2) 유자차를 마시고 싶어요．

....

❺ 次の日本語を韓国語に直しなさい。　　　　　　　　　　　　　(2 × 10 点)
(1) 私は (自分の名字) です。

....

(2) 韓国語を勉強しています。

....

合計得点　　　　　点

⑪ 市場で買物をしました
「これを〜してください」 이것을 −아/어 주세요

😀 ポイント

「〜してください」と依頼をあらわすときは、動詞の語幹に「아/어」をつけた形に、「주세요」と続けます。「아」「어」のどちらを使うかは、母音同士の結びつきやすさによります。「ㅏ」「ㅑ」「ㅗ」「ㅛ」のときは「아」を、そのほかの場合は「어」を使います。

これを分けてください
이것을 나누어 주세요.
イ ゴ スル ナ ヌ オ チュ セ ヨ

はい、わかりました
네, 알겠어요.
ネ アルゲ ッソ ヨ

1 これを分けてください
이것을 나누어 주세요.
イ ゴ スル ナ ヌ オ チュ セ ヨ

2 これを包んでください
이것을 싸 주세요.
イ ゴ スル ッサ チュ セ ヨ

3 これを送ってください
이것을 보내 주세요.
イ ゴ スル ポ ネ チュ セ ヨ

4 これを見せてください
이것을 보여 주세요.
イ ゴ スル ポ ヨ チュ セ ヨ

5 これをまけてください
이것을 깎아 주세요.
イ ゴ スル カッ カ チュ セ ヨ

> **コラム 11**　韓国語の動詞の変化では、「아/어」をつけた形がポイントになります。「아」「어」のどちらを使うかは上記のとおりですが、多くの例外があります。今回の場合は、「싸다」（包む）⇒「싸아」⇒「싸」、「보내다」（送る）⇒「보내어」⇒「보내」と縮約されたり、「보이다」（見せる）⇒「보이어」⇒「보여」と変化しています。

声に出しながら書いて覚えましょう

1 이것을 나누어 주세요.

2 이것을 싸 주세요.

3 이것을 보내 주세요.

4 이것을 보여 주세요.

5 이것을 깎아 주세요.

12 待ってくださいと言われました
「少し〜しなければなりません」 좀 －아야／어야 해요

😊 ポイント

「〜しなければなりません」と言うときは、「아야／어야」のあとに「해요」と続けます。「아／어」の使い方に注意しましょう。

少し待たなければなりません　　**はい、わかりました**
좀 기다려야 해요. 네, 알았어요.
チョム キ ダ リョ ヤ ヘ ヨ　　ネ　アラッソヨ

少し待たなければなりません
1　**좀 기다려야 해요.**
　　チョム キ ダ リョ ヤ ヘ ヨ

少し温めなければなりません
2　**좀 데워야 해요.**
　　チョム テ ウォ ヤ ヘ ヨ

少し冷まさなければなりません
3　**좀 식혀야 해요.**
　　チョム シ キョ ヤ ヘ ヨ

少し焼かなければなりません
4　**좀 구워야 해요.**
　　チョム ク ウォ ヤ ヘ ヨ

少し茹でなければなりません
5　**좀 삶아야 해요.**
　　チョム サル マ ヤ ヘ ヨ

コラム 12　市場は売り手と買い手の真剣勝負の場です。品物を見る目がないと質の良くないものを高く売りつけられることもおきます。そういう状態を「パガジをかぶった」といいます。「パガジ」とはひょうたんのことで、昔は縦に半分に切ったものを水を汲むのに利用していました。それを帽子のようにかぶれば、前が見えなくなるというのが語源のようです。

声に出しながら書いて覚えましょう

1 좀 기다려야 해요.

2 좀 데워야 해요.

3 좀 식혀야 해요.

4 좀 구워야 해요.

5 좀 삶아야 해요.

13 ショッピングに行きました
「〜してみてもいいですか」 〜봐도 돼요?

ポイント

「봐도」(見ても)は、「보다」(見る)に「아도」がついて「보아도」になり、言葉が縮約されたものです。また、同じように「돼요」(いいです)は「되다」(なる)に「어요」がついて、言葉が縮約されたものです。

着てみてもいいですか　　　はい、かまいません／いいえ、だめです
입어 봐도 돼요?　네, 괜찮아요. / 아니요, 안 돼요.
イポ　ポァド　テェヨ　　　ネ　クェンチャナヨ　　アニヨ　アン　デェヨ

着てみてもいいですか
1 **입어 봐도 돼요?**
　イポ　ポァド　テェヨ

触ってみてもいいですか
2 **만져 봐도 돼요?**
　マンジョ　ポァド　テェヨ

履いてみてもいいですか
3 **신어 봐도 돼요?**
　シノ　ポァド　テェヨ

使ってみてもいいですか
4 **써 봐도 돼요?**
　ソ　ポァド　テェヨ　　※眼鏡・帽子についてもこの表現を使います。

押してみてもいいですか
5 **눌러 봐도 돼요?**
　ヌルロ　ポァド　テェヨ

コラム 13　「괜찮아요」とは韓国人がよく使う言葉で「大丈夫だ」という意味ですが、日本語の感覚とは少し違います。日本語で「大丈夫だ」といわれると、「問題ない」というニュアンスで使われますが、韓国語ではもっと軽い意味で使われます。「ちょっとしたものだ」「足りている」、あるいは遠まわしに断るときの「いりません」といった意味でも使われます。

声に出しながら書いて覚えましょう

1 입어 봐도 돼요 ?

2 만져 봐도 돼요 ?

3 신어 봐도 돼요 ?

4 써 봐도 돼요 ?

5 눌러 봐도 돼요 ?

14 警備員に注意されました
「～しないでください」 －지 마세요

ポイント

「～しないでください」と禁止をあらわすときは、動詞の語幹に「지 마세요」と続けます。

触らないでください / はい、ごめんなさい
손대지 마세요. 네, 미안해요.
ソンテジ マセヨ / ネ ミアネヨ

1. 触らないでください
손대지 마세요.
ソンテジ マセヨ

2. 押さないでください
밀지 마세요.
ミルジ マセヨ

3. 動かないでください
움직이지 마세요.
ウムジギジ マセヨ

4. 撮らないでください
찍지 마세요.
ッチクチ マセヨ

5. 入らないでください
들어가지 마세요.
トゥロカジ マセヨ

コラム14

動詞の語幹に「아요／어요」をつける形では、平叙文・疑問文・命令文は同じ形になります。文章では「？」をつけて疑問文をあらわしますが、話し言葉ではイントネーションの違いだけです。たとえば「먹어요」で、「食べます」「食べますか」「食べなさい」という意味をあらわすことになります。

声に出しながら書いて覚えましょう

1 손대지 마세요.

2 밀지 마세요.

3 움직이지 마세요.

4 찍지 마세요.

5 들어가지 마세요.

15 商品をすすめられました
「この〜ではありません」 이 〜가/이 아니에요

ポイント

「〜ではない」という言い方をするときは、通常は「〜が」という意味で使われる「가/이」という助詞を使い「아니에요」と続けます。日本語と大きく違う点なので注意しましょう。

これはどうですか
이것은 어때요?
イ ゴ スン オッテヨ

このサイズではありません
이 싸이즈가 아니에요.
イ ッサイズガ アニエヨ

このサイズではありません
1 **이 싸이즈가 아니에요.**
イ ッサイズガ アニエヨ

この色ではありません
2 **이 색깔이 아니에요.**
イ セッカリ アニエヨ

このデザインではありません
3 **이 디자인이 아니에요.**
イ ディジャイニ アニエヨ

この模様ではありません
4 **이 무늬가 아니에요.**
イ ムニュィガ アニエヨ

この布地ではありません
5 **이 옷감이 아니에요.**
イ オッカミ アニエヨ

コラム 15

服のサイズは日本でもメーカーごとに多少の差があるようですが、韓国ではもう少し差が大きいように感じます。何号とかS・M・Lの表示だけを見て購入するのはおすすめできません。旅行中で時間がない場合も、必ず試着したほうがよいでしょう。とくに、デザイン重視で細身にしてあることが多いので、きついと感じたら1サイズ上を選びましょう。

声に出しながら書いて覚えましょう

1 이 싸이즈가 아니에요.

2 이 색깔이 아니에요.

3 이 디자인이 아니에요.

4 이 무늬가 아니에요.

5 이 옷감이 아니에요.

16 値段の交渉をしました
「〜にしてくだされば買います」 〜에 해 주시면 사겠어요

ポイント

「〜ば」という仮定の表現は、「〜면／으면」を使います。また、「〜します」という意志をあらわす表現は、動詞の語幹に「겠어요」をつけます。今回は「사다」（買う）の語幹に結び付いて「사겠어요」（買います）となります。

1万ウォンにしてくだされば買います
만 원에 해 주시면 사겠어요.
マ ノネ ヘ チュ シミョン サ ゲッソヨ

はい、いいです
네, 좋아요.
ネ チョアヨ

1万ウォンにしてくだされば買います
1 **만 원에 해 주시면 사겠어요.**
マ ノネ ヘ チュ シミョン サ ゲッソヨ

2万ウォンにしてくだされば買います
2 **이만 원에 해 주시면 사겠어요.**
イーマン ノネ ヘ チュ シミョン サ ゲッソヨ

3万ウォンにしてくだされば買います
3 **삼만 원에 해 주시면 사겠어요.**
サムマ ノネ ヘ チュ シミョン サ ゲッソヨ

4万ウォンにしてくだされば買います
4 **사만 원에 해 주시면 사겠어요.**
サーマ ノネ ヘ チュ シミョン サ ゲッソヨ

5万ウォンにしてくだされば買います
5 **오만 원에 해 주시면 사겠어요.**
オーマ ノネ ヘ チュ シミョン サ ゲッソヨ

コラム 16　日本語では、「一万円」を「いちまんえん」と言いますが、韓国語では「イチ」を省略して「만원（マノン）」とだけ言います。金額を言いあらわすときは漢数詞を使います。大きな数字の単位は、百：백（ペㄱ）、千：천（チョン）、万：만（マン）、億：억（オㄱ）、兆：조（チョ）、です。韓国のお金は日本と比べると単位が大きいので、覚えておくと便利です。

声に出しながら書いて覚えましょう

1 만 원에 해 주시면 사겠어요.

2 이만 원에 해 주시면 사겠어요.

3 삼만 원에 해 주시면 사겠어요.

4 사만 원에 해 주시면 사겠어요.

5 오만 원에 해 주시면 사겠어요.

17 エステに行きました
「～お願いしました」 ～부탁했어요

ポイント

過去をあらわすには、動詞の語幹に「았어요/었어요」をつけます。
「아/어」をつけたときと同じです。「한다」（する）は「했어요」になります。

どのコースをご予約しましたか
어느 코스로 예약하셨어요?
オヌ コスロ イェヤカ ショッソヨ

マッサージをお願いしました
맛사지를 부탁했어요.
マッサジルル プタッケッソヨ

---

1 マッサージをお願いしました
맛사지를 부탁했어요.
マッサジルル プタッケッソヨ

2 30分コースをお願いしました
삼십 분 코스로 부탁했어요.
サムシップン コスロ プタッケッソヨ

3 産毛抜きをお願いしました
솜털뽑기를 부탁했어요.
ソムトルポッキルル プタッケッソヨ

4 基本コースをお願いしました
기본 코스로 부탁했어요.
キボン コスロ プタッケッソヨ

5 全身指圧をお願いしました
전신지압을 부탁했어요.
チョンシンジアブル プタッケッソヨ

コラム 17

「ソム」は綿のことで、「トル」は体毛のことです。「ソムトル」で綿のような体毛となり、産毛を意味します。「ポッキ」は抜くことです。韓国でも普通はカミソリを使って産毛を剃りますが、「ソムトルポッキ」のように絹糸に絡みつかせて抜く方法も行われます。肌がツルツルになり血行もよくなりますが、痛いと言う人もいます。

声に出しながら書いて覚えましょう

1 맛사지를 부탁했어요.

2 삼십 분 코스로 부탁했어요.

3 솜털뽑기를 부탁했어요.

4 기본 코스로 부탁했어요.

5 전신지압을 부탁했어요.

18 明日の予定を話しました
「〜に行きます」 〜에 갈 거예요

ポイント

　未来をあらわすには、語幹が母音で終わる場合は「ㄹ」パッチムをつけ、子音で終わる場合は「을」をつけて、「거예요」と続けます。今回は、「가다」(行く)の語幹は母音で終わっているので「ㄹ」パッチムがついて「갈 거예요」(行きます)となります。

明日はどこへ行かれますか
내일은 어디에 가실 거예요?
ネイルン オディエ カシル コ イェヨ

市場に行きます
시장에 갈 거예요.
シ ジャン エ カル コ イェヨ

市場に行きます
1 **시장에 갈 거예요.**
シ ジャン エ カル コ イェヨ

劇場に行きます
2 **극장에 갈 거예요.**
クッチャン エ カル コ イェヨ

デパートに行きます
3 **백화점에 갈 거예요.**
ペ カ チョ メ カル コ イェヨ

免税店に行きます
4 **면세점에 갈 거예요.**
ミョン セ チョ メ カル コ イェヨ

カジノに行きます
5 **카지노에 갈 거예요.**
カ ジ ノ エ カル コ イェヨ

> **コラム 18**
> アカスリのときに使用される、合成繊維でできた手袋を「イタリータオル」と言います。もちろん商標ですが、韓国で商品化されたのは40年ぐらい前です。釜山の温泉に来た日本人旅行客の残した合成繊維のタオルにヒントを得て製造し、「イタリー式撚糸機」を使用したことから「イタリータオル」という名称がついたそうです。

声に出しながら書いて覚えましょう

1 시장에 갈 거예요.

2 극장에 갈 거예요.

3 백화점에 갈 거예요.

4 면세점에 갈 거예요.

5 카지노에 갈 거예요.

19 劇場に行きました
「〜買えません」 〜살 수 없어요

ポイント

「〜できない」という不可能をあらわすには、語幹が母音で終わる場合は「ㄹ」パッチムをつけ、子音で終わる場合は「을」をつけ、「수 없어요」と続けます。「수」は方法や手段をあらわし、直訳すると「〜する方法がない」となります。

チケットを買うことができますか
티켓을 살 수 있어요?
チケスル サル ス イッソヨ

ここでは買えません
여기서는 살 수 없어요.
ヨギソヌン サル ス オプソヨ

ここでは買えません
1 **여기서는 살 수 없어요.**
ヨギソヌン サル ス オプソヨ

そこでは買えません
2 **거기서는 살 수 없어요.**
コギソヌン サル ス オプソヨ

あそこでは買えません
3 **저기서는 살 수 없어요.**
チョギソヌン サル ス オプソヨ

どこでも買えません
4 **어디에서도 살 수 없어요.**
オディエソド サル ス オプソヨ

だれも買えません
5 **아무도 살 수 없어요.**
アムド サル ス オプソヨ

> **コラム 19**
> 韓国には、国立中央劇場という国が支援する劇場があり、そこでは国立舞踊団、国立劇団、国立国楽管弦楽団、国立オペラ団などが運営されています。外国人観光客向けではないのですが、世界のトップレベルの室内照明と音響設備を備えています。気に入った公演があれば、ぜひお出かけください。

声に出しながら書いて覚えましょう

1 여기서는 살 수 없어요.

2 거기서는 살 수 없어요.

3 저기서는 살 수 없어요.

4 어디에서도 살 수 없어요.

5 아무도 살 수 없어요.

20 ロビーで話しをしました
「～できます」 －ㄹ/을 수 있어요

😊 ポイント

「～できる」と可能をあらわすには、語幹が母音で終わる場合は「ㄹ」パッチムをつけ、子音で終わる場合は「을」をつけ、「수 있어요」と続けます。直訳すると「～する方法がある」となります。「수 있어요」(できる)と「수 없어요」(できない)は対で覚えておきましょう。

韓国語ができます
한국말을 할 수 있어요.
ハングッマルル ハルス イッソヨ

とってもお上手ですね
아주 잘 하시네요.
アジュ チャル ハ シ ネ ヨ

韓国語ができます
1 **한국말을 할 수 있어요.**
ハングッマルル ハルス イッソヨ

聞き取りができます
2 **알아 들을 수 있어요.**
アラ トゥルル ス イッソヨ

ハングルが書けます
3 **한글을 쓸 수 있어요.**
ハングルル ッスル ス イッソヨ

ハングルが読めます
4 **한글을 읽을 수 있어요.**
ハングルル イルグル ス イッソヨ

全部できます
5 **다 할 수 있어요.**
タ ハル ス イッソヨ

コラム 20

韓国のことわざに「시작이 반이다(シジャギ パニダ)」というものがあります。ものごとは始めることが大事で、始めてしまえば半分できたのと同じだという意味です。韓国人のすぐ行動に移す積極性があらわれたことわざです。韓国語の学習もまず始めることが重要で、ハングルをひととおり覚えれば、半分は達成できたことになります。

声に出しながら書いて覚えましょう

1 한국말을 할 수 있어요.

2 알아 들을 수 있어요.

3 한글을 쓸 수 있어요.

4 한글을 읽을 수 있어요.

5 다 할 수 있어요.

ミニテスト5

❶ 次の韓国語の意味を下から選び記号で答えなさい。　　　　（2×10点）

（1）이 싸이즈가 아니에요. ☐

①この色ではありません。
②このサイズではありません。
③このデザインではありません。

（2）손대지 마세요. ☐

①入らないでください。
②押さないでください。
③触らないでください。

❷ 次の日本語にあう韓国語を下から選び記号で答えなさい。　　　　（2×10点）

（1）2万ウォンにしてくだされば買います。 ☐

①삼만 원에 해 주시면 사겠어요.
②오만 원에 해 주시면 사겠어요.
③이만 원에 해 주시면 사겠어요.

（2）ここでは買えません。 ☐

①거기서는 살 수 없어요.
②여기서는 살 수 없어요.
③저기서는 살 수 없어요.

3 次の日本語にあうように、下の韓国語を並び替えて文章を完成させなさい。 (2 × 10 点)

（1）これを分けてください。

....

[나누어   이것을   주세요]

（2）着てみてもいいですか。

....

[돼요   봐도   입어]

4 次の韓国語を日本語に直しなさい。 (2 × 10 点)

（1）좀 기다려야 해요.

....

（2）기본 코스로 부탁했어요.

....

5 次の日本語を韓国語に直しなさい。 (2 × 10 点)

（1）市場に行きます。

....

（2）韓国語ができます。

....

合計得点　　　　　点

STEP 3　出発！2泊3日の韓国旅行

HOTEL

　ゆうこさんとみさきさんは、同じ韓国語スクールに通うクラスメートです。2人は初めて韓国へやってきました。今日から2泊3日の旅行が始まります。習った韓国語を使って、一体どんな旅になるのでしょうか。

（こんにちは）
안녕하세요.
アンニョンハセヨ

（チェックインをお願いします）
체크인을 부탁합니다.
チェクイヌル ブタカムニダ

（かしこまりました）
알겠습니다.
アルゲッスムニダ

（お名前はなんとおっしゃいますか）
성함이 어떻게 되십니까?
ソンハミ オットケ テシムニッカ

①私は鈴木です。

復習テスト1

①にあてはまる文章をつくりなさい。　　　　　　　　　　（5点）

私は鈴木です。

明日は観光の予定がギッシリつまっています。朝早くから出かけるので、朝食の時間を確認することにしました。

STEP 3 出発！２泊３日の韓国旅行

②朝の食事は何時からですか。

（午前７時からです）
오전 일곱 시부터예요.
オ ジョン イルゴプ シ ブ ト イェヨ

（１階のレストランで召し上がれます）
일 층 레스토랑에서 드실 수 있습니다.
イル チュン レ ス ト ラン ゲソ トゥ シル ス イッスム ニ ダ

（わかりました）
알겠습니다.
アル ゲッスム ニ ダ

復習テスト２

次の（　）内の語を並べ替えて、②の文章を完成させなさい。　　　　　　　　　　（5点）

朝の食事は何時からですか。

（몇, 식사는, 아침, 시부터예요）

TOWN

　チェックインをすませた2人は、さっそく街へくりだしました。ゆうこさんがメールを交換している友達のヨンジュさんと、近くのコーヒーショップで待ち合わせをしています。

③この近くにコーヒーショップがありますか。

(はい、そこにあります)
네, 저기 있어요.
ネ　チョギ　イッソヨ

(ありがとうございます)
고맙습니다.
コマプスムニダ

復習テスト3

次の（　）内に適切な語を入れ、③の文章を完成させなさい。　　　(5点)

この近くにコーヒーショップがありますか。

이 근처에 커피숍이 （　　　　　）？

ヨンジュさんは、ソウルの大学で日本語の勉強をしています。3人は韓国や日本の話をして、とても楽しい時間をすごしました。帰り際、ヨンジュさんが映画に誘ってくれましたが、残念ながらスケジュールがいっぱいです。

STEP 3 出発！2泊3日の韓国旅行

（時間がありますか）
시간이 있어요?
シ ガ ニ　イッソヨ

（映画を見に行きますか）
영화 보러 갈까요?
ヨンファ ポ ロ　カルッカヨ

④いま時間がありません。

（そうですか、残念です）
그래요, 아쉽네요.
クレヨ　アシムネヨ

（またぜひお会いしましょう）
그럼 또 만나요.
クロム ット マンナヨ

復習テスト4

次の（　）内に適切な語を入れ、④の文章を完成させなさい。　　　　　（5点）

いま時間がありません。

지금 시간이 （　　　　　　）.

TRANSPORTATION

　ヨンジュさんと別れたゆうこさんとみさきさん。予約を入れていた地元で人気のレストランへ、地下鉄を使って行くことにしました。けれどいくつも路線があるので、すこし不安になりました。

⑤明洞に行きますか。

(はい、行きます)
네, 가요.
ネ　カ　ヨ

(旅行で来たんですか)
여행 오셨어요?
ヨ ヘン オ ショッソ ヨ

(はい、そうです)
네, 그래요.
ネ　クレヨ

復習テスト5

次の（　　）内に適切な語を入れ、⑤の文章を完成させなさい。　　　　(5点)

明洞に行きますか。

명동（　　）가요?

無事に明洞駅に着きました。暗くなってきたので、駅からレストランまではタクシーで行くことにしました。運転手さんが、ライトアップされた街中を巡るナイトトリップをすすめてくれましたが、それより2人はとてもお腹がすいています。

STEP 3 出発！２泊３日の韓国旅行

（景福宮は行きますか）
경복궁은 가요?
キョンボックングン カヨ

（とてもきれいですよ）
정말 멋있어요.
チョンマル モ シッソヨ

⑥景福宮は行きません。

（早く食堂に行きたいです）
빨리 식당에 가고 싶어요.
パルリ シクタンエ カゴ シポヨ

復習テスト6

次の（　）内に適切な語を入れ、⑥の文章を完成させなさい。　　　　　　（5点）

景福宮は行きません。

경복궁은 (　　) 가요.

99

RESTAURANT

やっとレストランに着きました。人気のレストランだけあって、どれもおいしそう。辛いものが苦手なみさきさんのために、あまり辛くないものを注文することにしました。

⑦これは辛いですか。

(いいえ、全然)
아니요, 전혀.
アニヨ チョニョ

(とてもおいしいですよ)
아주 맛있어요.
アジュ マシッソヨ

(それではこれをください)
그럼 이것을 주세요.
クロム イゴスル チュセヨ

復習テスト7

下の □ からあてはまる語を選んで、⑦の文章を完成させなさい。 (5点)

これは辛いですか。
(　　　　) 매워요？

그것은, 어느 것이, 저것은, 모두, 이것은

本場の韓国料理に大満足のゆうこさんとみさきさん。次々とお皿をあけていきます。あまりにおいしそうに食べる2人に、お店の人が声をかけてくれました。

（味はどうですか）
맛이 어때요?
マシ オッテヨ

⑧これがおいしいです。

（これもおいしいです）
이것도 맛있어요.
イゴット マシッソヨ

STEP 3 出発！2泊3日の韓国旅行

復習テスト8

下の □ からあてはまる語を選んで、⑧の文章を完成させなさい。　　　　（5点）

これがおいしいです。

이것（　　）맛있어요.

도, 과, 이, 은, 만

TEAROOM

　韓国滞在2日目の朝です。今日もはりきって出発しました。まずは1日の始まりに、伝統茶を飲みに伝統茶房に入りました。韓国の伝統茶は種類が豊富で、生姜やゆず、漢方などが入った美容と健康にいい飲み物です。

（いらっしゃいませ）
어서오세요.
オソオセヨ

（何をお飲みになりますか）
뭘 드시겠어요?
ムォル トゥシ ゲッソヨ

⑨シッケを飲みたいです。

（私は水正果をください）
나는 수정과를 주세요.
ナ ヌン スジョンクァルル チュセヨ

復習テスト9

下の文章を使って、⑨のように希望をあらわす文章を完成させなさい。　　　　(5点)

シッケを飲みたいです。

식혜를 마시다.（シッケを飲む）

お店のオーナのパクさんは、ゆうこさんとみさきさんと同い年のようです。すっかり意気投合した３人は、おしゃべりをしながらお茶をいただきました。

（週末は何をしていますか）
주말은 무엇을 하고 있어요？
チュ マルン ム オスル ハゴ イッソヨ

⑩学校に通っています。

（韓国語を勉強しています）
한국어를 공부하고 있어요．
ハング゛ オルル コンブハゴ イッソヨ

復習テスト10

「다니다」（通う）という動詞の語尾を変えて、⑩の文章を完成させなさい。 （5点）

学校に通っています。

학교에 （　　　　　） 있어요．

MARKET

　お茶を飲んですっかり元気になった２人は、お土産を買いに市場へ向いました。ここの市場には食品から衣類、雑貨まで、ありとあらゆるものが売られています。その熱気におされて、ついつい買い物がすすみます。

⑪これを分けてください。

（はい、わかりました）
네, 알겠어요.
ネ　アルゲッソヨ

（２つに分けますか）
두 개로 나눌까요？
トゥ ゲロ　ナ ヌルッカ ヨ

（はい、お願いします）
네, 부탁해요.
ネ　プタケヨ

復習テスト11

次の（　　）内に適切な語を入れ、⑪の文章を完成させなさい。　　　　　　　　（5点）

これを分けてください。

이것을 나누어 （　　　　　）.

たっぷりお土産を買い込んだ2人は、お腹がすいてきたので屋台でお昼ごはんを食べることにしました。お目当ては、お餅を甘辛いコチュジャン味噌で煮込んだ"トッポギ"と、韓国の海苔巻き"キムパッ"です。

STEP 3 出発！2泊3日の韓国旅行

（これをください）
이것을 주세요.
イ ゴ スル チュ セ ヨ

⑫少し待たなければなりません。

（はい、わかりました）
네, 알았어요.
ネ　ア ラッ ツョ

復習テスト12

次の（　）内の語を並べ替えて、⑫の文章を完成させなさい。　　　　（5点）

少し待たなければなりません。

（해요, 좀, 기다려야）

SHOPPING・1

　おなかもいっぱいになったところで、次に東大門のファッションビル街へ向いました。ここはいくつものファッションビルが建ち並ぶ、ソウルきってのショッピングスポットです。2人はさっそく気になるものを見つけたようです。

⑬着てみてもいいですか。

(はい、かまいません)
네, 괜찮아요.
ネ　クェンチャナ　ヨ

(触ってみてもいいですか)
만져 봐도 돼요?
マンジョ　ポァド　テェヨ

(いいえ、だめです)
아니요, 안 돼요!
アニヨ　アンデェヨ

復習テスト13

下の［　　　］からあてはまる語を選んで、⑬の文章を完成させなさい。　　　(5点)

着てみてもいいですか。

(　　　) 봐도 돼요?

| 입다, 입고, 입으, 입아, 입어 |

106

ファッションビルの中にはたくさんの店舗が入っていて、商品と人であふれかえっています。さすがの2人も目がまわってきました。どこか休めるところを探していると……。

⑭入らないでください。

출입금지

（触らないでください）
손대지 마세요!
ソンデジ マセヨ

（はい、ごめんなさい）
네, 미안해요.
ネ ミアネヨ

STEP 3 出発！2泊3日の韓国旅行

復習テスト14

下の（　）内の文字を並べ替えて、⑭の文章を完成させなさい。 (5点)

入らないでください。

（요, 가, 지, 들, 마, 세, 어）

SHOPPING・2

　ちょっと失敗してしまいましたが、まだまだ買い物は終わりません。少し休憩したので、かぜんやる気が出てきました。今度は靴屋さんで気になるものを見つけたようです。

（赤色はありますか）
빨간색 있어요?
ッパルガンセㇰ　イッソヨ

（赤色はありません）
빨간색은 없어요.
ッパルガンセㇰグン　オㇷ゚ソヨ

（これはどうですか）
이것은 어때요?
イゴスン　オッテヨ

⑮この色ではありません。

復習テスト15

次の（　）内に適切な語を入れ、⑮の文章を完成させなさい。　　　　　　　　　　（5点）

この色ではありません。

이 색깔이 （　　　　　）.

欲しい色は見つかりませんでしたが、デザインが気に入ったので買うことにしました。このお店は品物に値札がついていません。どうやら交渉制のお店のようです。2人ともがんばって値切ります。

STEP 3
出発！2泊3日の韓国旅行

（これはいくらですか）
이것은 얼마예요？
イゴスン オルマエヨ

（3万ウォンです）
삼만 원이에요．
サムマ ノニエヨ

⑯2万ウォンにしてくだされば買います。

（はい、いいです）
네，좋아요．
ネ チョアヨ

復習テスト16

下の □ からあてはまる語を選んで、⑯の文章を完成させなさい。 (5点)

2万ウォンにしてくだされば買います。

（　　）만 원에 해 주시면 사겠어요．

| 삼, 일, 사, 오, 이 |

AESTHETIC

　買い物を満喫した2人ですが、そろそろ旅の疲れが出てきたようです。昨日教えてもらった、パクさんおすすめのエステサロンに行くことにしました。

（電話で予約した鈴木です）
전화로 예약한 스즈키예요.
チョナロ　イェヤカン　スジュキ　イェヨ

（どのコースをご予約しましたか）
어느 코스로 예약하셨어요?
オヌ　コスロ　イェヤカショッソヨ

⑰基本コースをお願いしました。

復習テスト17

下の文章を使って、⑰のように過去をあらわす文章を完成させなさい。　　　(5点)

基本コースをお願いしました。

기본 코스로 부탁해요.（基本コースをお願いします）

さすがパクさんおすすめのお店です。腕のいい方にマッサージしてもらい、疲れた体がどんどんほぐされていきます。2人はもう夢心地です。

STEP 3　出発！2泊3日の韓国旅行

（明日はどこへ行かれますか）
내일은 어디에 가실 거예요 ?
ネ　イ　ルン　オ　ディ　エ　カ　シル　コ　イェ　ヨ

⑱劇場に行きます。

（そこでミュージカルを観ます）
거기서 뮤지컬을 봐요 .
コ　ギ　ソ　ミュ　ジ　コ　ルル　ポァ　ヨ

（それはおもしろそうですね）
재미있겠네요 .
チェ　ミ　イッ　ケッ　ネ　ヨ

復習テスト18

下の文章を使って、⑱のように未来をあらわす文章を完成させなさい。　　　（5点）

劇場に行きます。

극장에 가다 .（劇場に行く）

THEATER

　いよいよ最終日、夕方の飛行機で日本に帰ります。けれど、それまで時間はたっぷりあります。韓国で大人気のミュージカルを観に行こうと思うのですが、予約するのを忘れてしまい、チケットを買えるか心配です。

（チケットを買うことができますか）
티켓을 살 수 있어요?
チ ケ スル サル ス イッソ ヨ

⑲ここでは買えません。

（そこがチケット売り場です）
저기가 표 파는 곳이에요.
チョギ ガ ピョ パ ヌン コ シ イェ ヨ

（ありがとうございます）
고맙습니다.
コ マプ スム ニ ダ

復習テスト19

次の（　）内に適切な語を入れ、⑲のように不可能をあらわす文章を完成させなさい。(5点)

ここでは買えません。

여기서는 살 수 (　　　　).

なんとかチケットを買うことができました。ロビーで開演を待っていると、1人の女性が声をかけてきました。韓国のガイドブックを作っていて、2人にインタビューしたいようです。ゆうこさんとみさきさんは楽しかった旅の思い出をたくさん話しました。

Excuse me.
Can you speak English?

⑳韓国語ができます。

(とってもお上手ですね)
아주 잘 하시네요！
アジュ チャル ハ シ ネ ヨ

(インタビューさせてください)
인터뷰를 좀 하고 싶은데요.
イン ト ピュ ルル チョム ハ ゴ シ プン デ ヨ

復習テスト20

次の（　　）内に適切な語を入れ、⑳のように可能をあらわす文章を完成させなさい。 (5点)

韓国語ができます。

한국말을 할 수 (　　　　).

解 答

ミニテスト1

1 야、어、요、우、으

2 ①カ ②ナ ③タ ④ラ ⑤マ ⑥パ ⑦サ ⑧ア ⑨チャ ⑩ハ

3 ①가수 ②거리 ③나무 ④나라 ⑤여자

4 ①비、나무 ②바지、거리 ③어머니、가수 ④버스、바다 ⑤시디、소리

5 ①누나 ②소 ③아버지 ④아주머니 ⑤여자 ⑥구두 ⑦나라 ⑧아이 ⑨우유 ⑩라디오

ミニテスト2

1 가、나、다、라、마、바、사、아、자、차、카、타、파、하

2 ①キョクァソ ②シゲ ③オッパ ④ウピョ ⑤フェサ

3 ①아저씨 ②가게 ③개 ④코 ⑤해

4 ①해、새 ②치마、커피 ③개、다리 ④가게、우표 ⑤노래、귀

5 ①오빠 ②머리 ③의자 ④아저씨 ⑤차 ⑥회사 ⑦기차 ⑧교과서 ⑨시계 ⑩코

ミニテスト3

1 38ページの「日本語の表記」に沿って確認してください。

2 ①カプ ②ピョンウォン ③イルボン ④チング ⑤ファジャンシル

3 ①학생 ②할머니 ③한국 ④방 ⑤물

4 ①한국、서울 ②택시、호텔 ③동생、밥 ④지하철、시장 ⑤학생、책

5 ①언니 ②남자 ③몸 ④화장실 ⑤일본 ⑥사람 ⑦병원 ⑧옷 ⑨물 ⑩눈

ミニテスト4

1 （1）① （2）②

2 （1）② （2）③

3 （1）지금 시간이 없어요． （2）경복궁은 안 가요．

4 （1）チェックインは何時からですか。 （2）ゆずのお茶を飲みたいです。

5 （1）저는（自分の名字）예요． （2）한국어를 공부하고 있어요．

115

ミニテスト5

1 (1) ②　(2) ③
2 (1) ③　(2) ②
3 (1) 이것을 나누어 주세요.　(2) 입어 봐도 돼요?
4 (1) 少し待たなければなりません。　(2) 基本コースをお願いしました。
5 (1) 시장에 갈 거예요.　(2) 한국말을 할 수 있어요.

復習テスト

1 저는 스즈키예요.
2 아침 식사는 몇 시부터예요?
3 있어요
4 없어요
5 에
6 안
7 이것은
8 이
9 식혜를 마시고 싶어요.
10 다니고
11 주세요
12 좀 기다려야 해요.
13 입어
14 들어가지 마세요.
15 아니에요
16 이
17 기본 코스로 부탁했어요.
18 극장에 갈 거예요.
19 없어요
20 있어요

■著者紹介

溝口（朴）甲順（みぞくち・かぷすん）

韓国トングゥ（東國）大学校文理大学演劇映画学科卒業。チョンナム（全南）大学校教育大学院教育学科で国語教育（韓国語）を専攻、修士。韓国のソウル中央国立劇場劇団で女優。現在、青山学院・東洋・専修・大東文化・立正・東洋英和・聖学院大学で非常勤講師。
NHKテレビ、「안녕하십니까? ハングル講座」テキストにて「目ざせ初級修了! 書くことから始めるハングルレッスン」を連載中。著書『アルギシゥン韓国語』（白帝社）

入門ドリル　書いて簡単！韓国語

2006年11月15日　初版発行

著　　者　溝口甲順
発 行 者　菊池公男

印刷製本　亜細亜印刷㈱

イラスト　坂木浩子
装　　丁　渡邊民人（タイプフェイス）

一藝社
〒160-0022 東京都新宿区新宿1丁目6番11号
TEL：03-5312-8890　FAX：03-5312-8895
振替　東京　00180-5-350802
website:http://www.ichigeisha.co.jp
落丁・乱丁本はお取り替えいたします。
©Kabsoon Mizokuchi 2006 Printed in Japan
ISBN4-901253-80-8 C0087